2023 年（令和 5 年）度版

住宅経済データ集

～豊かで魅力ある住生活の実現に向けて～

監　　修　国土交通省住宅局住宅企画官付
発　　行　株式会社 住宅産業新聞社

住宅経済データ集
〔2023年(令和5年)度版〕

目　　次

第 1 章

住宅整備の現状

1. 世帯数、住宅戸数の推移

●「量から質の時代」の中身は……

「平成30年住宅・土地統計調査」（総務省）によると、全国の住宅総数は6,241万戸、総世帯数は5,400万世帯となっており、1世帯当たり住宅戸数は平成25年の1.16戸から横ばいとなっている。一方、空き家は849万戸となり、空き家率は13.6%となっている。

我が国の住宅建設の状況を称して「量から質の時代」を迎えたといわれている。これは図表1－1－②のとおり、住宅総数が総世帯数を上回ったこと（昭和43年）による。

終戦直後の我が国では、戦災による消失や復員者用住宅の不足などにより420万戸の住宅が不足していたと推計されているが、この絶対的不足は一応解消し、これからは「質の向上」が課題となっている（ここでいう「戸」とは例えば1棟6戸のアパートの場合は6戸として数えている）。

図表1－1－① 世帯数及び住宅戸数の推移

区　　分	年	平成5年	10年	15年	20年	25年	30年
総　世　帯　数（A）	千世帯	41,159	44,360	47,255	49,973	52,453	54,001
普　通　世　帯　数（B）	千世帯	40,934	44,134	47,083	49,805	52,298	53,788
住　宅　総　数（C）	千　戸	45,879	50,246	53,891	57,586	60,629	62,407
1世帯当たりの戸数（C／A）	戸	1.11	1.13	1.14	1.15	1.16	1.16
人の居住する住宅（C－E）	千　戸	40,773	43,922	46,863	49,598	52,102	53,616
持　　家　　比　　率	%	59.8	60.3	61.2	61.2	61.8	61.3
空き家等	空　き　家（D）　千　戸	4,476	5,764	6,593	7,568	8,196	8,489
	D／C（狭義の空き家率）%	9.8	11.5	12.2	13.1	13.5	13.6
	一時現在者のみの住宅　千　戸	429	394	326	326	243	217
	建　築　中　の　住　宅　千　戸	201	166	109	93	88	86
	居住世帯なしの住宅（E）千　戸	5,106	6,324	7,028	7,988	8,526	8,791
	E／C（広義の空き家率）%	11.1	12.6	13.0	13.9	14.1	14.1

（注）昭和43年は沖縄県を含まない。
（資料）「住宅・土地統計調査」（総務省）

図表1－1－② 住宅ストックと世帯数の推移

○住宅ストック数（約6,241万戸）は、総世帯数（約5,400万世帯）に対し16％多く、量的には充足。（2018年時点）

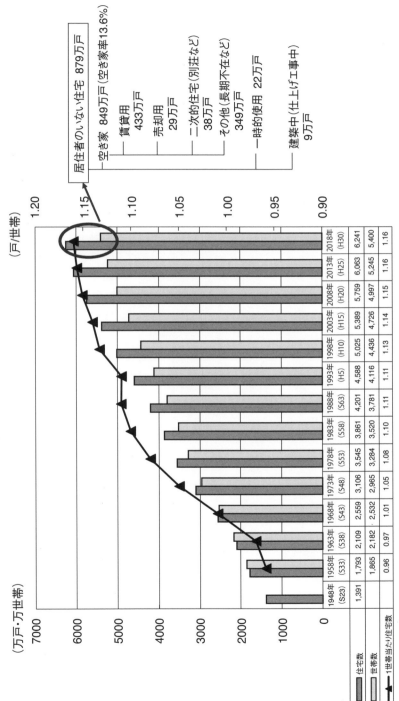

居住者のいない住宅 879万戸

空き家 849万戸（空き家率13.6％）

賃貸用 433万戸

売却用 29万戸

二次的住宅（別荘など）38万戸

その他（長期不在など）349万戸

一時的使用 22万戸

建築中（仕上げ工事中）9万戸

	1948年(S23)	1958年(S33)	1963年(S38)	1968年(S43)	1973年(S48)	1978年(S53)	1983年(S58)	1988年(S63)	1993年(H5)	1998年(H10)	2003年(H15)	2008年(H20)	2013年(H25)	2018年(H30)
住宅数	1,391	1,793	2,109	2,559	3,106	3,545	3,861	4,201	4,588	5,025	5,389	5,759	6,063	6,241
世帯数		1,865	2,182	2,532	2,965	3,284	3,520	3,781	4,116	4,436	4,726	4,997	5,245	5,400
一世帯当たり住宅数		0.96	0.97	1.01	1.05	1.08	1.10	1.11	1.11	1.13	1.14	1.15	1.16	1.16

住宅数
世帯数
一世帯当たり住宅数

（戸/世帯）
1.20
1.15
1.10
1.05
1.00
0.95
0.90

（戸戸・万世帯）
7000
6000
5000
4000
3000
2000
1000
0

（注）世帯数には、親の家に同居する子供世帯等（2013年＝35万世帯 2018＝約39万戸）を含む。
（資料）住宅・土地統計調査（総務省）

11

図表1―2　所有関係別住宅ストック数の推移

（単位：千戸、％）

調査年	区分	住宅総数	居住世帯のある住宅	持家	借家					(参考)		
					借家計	公営	都市再生機構・公社	民営	給与住宅	空き家	持家率	空き家率
昭和43	全国	25,591	24,198	14,594	9,604	1,403		6,527	1,674	1,034	60.3	4.0
	関東臨海	6,132	5,775	2,825	2,949	398		2,140	411	258	48.9	4.2
	東海	2,736	2,586	1,656	930	140		609	181	113	64.0	4.1
	近畿	4,399	4,108	2,048	2,061	327		1,496	238	212	49.9	4.8
昭和48	全国	31,059	28,731	17,007	11,723	1,995		7,889	1,839	1,720	59.2	5.5
	関東臨海	7,966	7,314	3,501	3,812	619		2,684	509	481	47.9	6.0
	東海	3,333	3,079	1,954	1,125	192		733	200	193	63.5	5.8
	近畿	5,448	4,965	2,511	2,454	440		1,735	279	340	50.6	6.2
昭和53	全国	35,451	32,189	19,428	12,689	1,719	723	8,408	1,839	2,679	60.4	7.6
	関東臨海	9,303	8,397	4,188	4,161	354	357	2,906	544	734	49.9	7.9
	東海	3,825	3,441	2,248	1,192	178	62	757	195	321	65.3	8.4
	近畿	6,228	5,531	2,958	2,563	375	181	1,721	286	567	53.5	9.1
昭和58	全国	38,607	34,705	21,650	12,951	1,868	777	8,487	1,819	3,302	62.4	8.6
	関東臨海	10,245	9,178	4,942	4,192	372	382	2,911	527	871	53.8	8.5
	東海	4,141	3,705	2,485	1,212	196	70	759	187	371	67.1	9.0
	近畿	6,738	5,906	3,407	2,478	394	196	1,627	261	685	57.7	10.2
昭和63	全国	42,007	37,413	22,948	14,015	1,990	809	9,666	1,550	3,940	61.3	9.4
	関東臨海	11,319	10,183	5,259	4,626	393	406	3,337	490	925	52.0	8.2
	東海	4,503	3,999	2,663	1,306	196	71	884	155	430	66.6	9.6
	近畿	7,279	6,344	3,634	2,599	430	211	1,753	205	779	57.4	10.7
平成5	全国	45,879	40,773	24,376	15,691	2,033	845	10,762	2,051	4,476	59.8	9.8
	関東臨海	12,755	11,343	5,681	5,285	403	412	3,739	731	1,200	50.1	9.4
	東海	4,945	4,396	2,835	1,503	203	71	1,013	216	472	64.5	9.5
	近畿	7,806	6,864	3,871	2,865	428	227	1,936	273	807	56.4	10.3
(参考)	東京都	5,300	4,660	1,845	2,547	241	182	1,825	300	527	39.6	9.9
	愛知県	2,414	2,146	1,240	862	129	51	564	118	229	57.8	9.5
	大阪府	3,498	3,063	1,467	1,523	234	128	1,042	120	369	47.9	10.6
平成10	全国	50,246	43,922	26,468	16,730	2,087	864	12,050	1,729	5,764	60.3	11.5
	関東臨海	13,996	12,276	6,383	5,579	412	425	4,154	588	1,526	52.0	10.9
	東海	5,497	4,792	3,071	1,648	201	69	1,196	182	634	64.1	11.5
	近畿	8,593	7,368	4,241	2,999	459	230	2,081	228	1,113	57.6	12.9
(参考)	東京都	5,670	4,942	2,051	2,743	253	195	2,054	241	624	41.5	11.0
	愛知県	2,681	2,342	1,356	935	126	54	655	101	299	57.9	11.1
	大阪府	3,853	3,290	1,631	1,592	234	131	1,133	94	501	49.6	13.0
平成15	全国	53,891	46,863	28,666	17,166	2,183	936	12,561	1,486	6,593	61.2	12.2
	関東臨海	15,291	13,480	7,334	5,635	450	476	4,220	489	1,652	54.4	10.8
	東海	5,908	5,114	3,293	1,744	211	76	1,289	168	738	64.4	12.5
	近畿	9,238	7,871	4,685	2,999	466	234	2,106	193	1,290	59.5	14.0
(参考)	東京都	6,186	5,434	2,433	2,719	277	220	2,015	207	665	44.8	10.8
	愛知県	2,899	2,537	1,488	1,000	133	60	719	87	333	58.7	11.5
	大阪府	4,131	3,490	1,812	1,568	244	129	1,114	81	603	51.9	14.6
平成20	全国	57,586	49,598	30,316	17,770	2,089	918	13,366	1,398	7,568	61.1	13.1
	関東臨海	16,595	14,585	7,984	5,861	446	481	4,487	446	1,857	54.7	11.2
	東海	6,358	5,517	3,504	1,873	199	77	1,417	180	793	63.5	12.5
	近畿	9,765	8,317	4,980	3,036	448	228	2,181	179	1,372	59.9	14.0
(参考)	東京都	6,781	5,940	2,651	2,909	275	226	2,206	203	750	44.6	11.1
	愛知県	3,133	2,764	1,599	1,083	132	60	797	94	344	57.8	11.0
	大阪府	4,346	3,685	1,952	1,575	233	131	1,146	65	625	53.0	14.4
平成25	全国	60,629	52,102	32,166	18,519	1,959	856	14,583	1,122	8,196	61.7	13.5
	関東臨海	17,873	15,728	8,796	6,247	427	478	4,969	372	2,026	55.9	11.3
	東海	6,808	5,816	3,756	1,937	181	65	1,546	145	955	64.6	14.0
	近畿	10,333	8,823	5,358	3,180	439	217	2,380	143	1,459	60.7	14.1
(参考)	東京都	7,359	6,473	2,962	3,100	268	232	2,432	168	817	45.8	11.1
	愛知県	3,439	2,997	1,759	1,160	128	57	899	76	422	58.7	12.3
	大阪府	4,586	3,882	2,104	1,655	237	123	1,236	59	679	54.2	14.8
平成30	全国	62,407	53,616	32,802	19,065	1,922	747	15,295	1,100	8,489	61.2	13.6
	関東臨海	18,590	16,464	9,137	6,598	413	433	5,400	353	2,023	55.5	10.9
	東海	6,944	5,965	3,857	1,944	174	51	1,584	135	945	64.7	13.6
	近畿	10,428	8,873	5,429	3,149	394	196	2,427	132	1,508	61.2	14.5
(参考)	東京都	7,672	6,806	3,063	3,343	248	207	2,724	165	810	45.0	10.6
	愛知県	3,482	3,069	1,826	1,157	115	46	925	71	394	59.5	11.3
	大阪府	4,680	3,950	2,161	1,627	210	115	1,250	53	709	54.7	15.2

《三大都市圏》

調査年	住宅総数	居住世帯のある住宅	持家	借家					(参考)		
				借家計	公営	都市再生機構・公社	民営	給与住宅	空き家	持家率	空き家率
昭和38	10,228	9,850	5,577	4,272	548		3,084	640	264	56.6	2.6
昭和43	13,267	12,469	6,529	5,940	865		4,245	830	583	52.4	4.4
昭和48	16,747	15,358	7,966	7,391	1,251		5,152	988	1,014	51.9	6.1
昭和53	19,356	17,369	9,394	7,916	907	600	5,384	1,025	1,622	54.1	8.4
昭和58	21,124	18,789	10,834	7,882	962	648	5,297	975	1,927	57.7	9.1
昭和63	23,101	20,526	11,601	8,531	1,019	688	5,974	850	2,134	56.5	9.2
平成5	25,505	22,603	12,386	9,652	1,034	710	6,688	1,220	2,479	54.8	9.7
平成10	28,086	24,436	13,694	10,226	1,073	725	7,431	998	3,272	56.0	11.7
平成15	39,436	26,464	15,311	10,378	1,128	786	7,615	849	3,679	57.9	12.1
平成20	32,718	28,419	16,467	10,770	1,094	786	8,085	805	4,022	57.9	12.3
平成25	35,014	30,367	17,910	11,364	1,047	760	8,895	661	4,440	59.0	12.7
平成30	35,962	31,302	18,422	11,691	981	680	9,410	619	4,476	58.9	12.4

（注）　1．住宅総数は、居住世帯のある住宅のほか、空き家、一時現在者のみの住宅、建築中の住宅を含む。48年より沖縄県を含む。
　　　　2．居住世帯のある住宅には所有関係不詳を含む。
　　　　3．地域区分は以下の通りである。
　　　　　　関東臨海：埼玉県、千葉県、東京都、神奈川県
　　　　　　東　　海：岐阜県、静岡県、愛知県、三重県
　　　　　　近　　畿：滋賀県、京都府、大阪府、兵庫県、奈良県、和歌山県
　　　　　　三大都市圏：上記の関東臨海、東海、近畿の合計
　　　　4．持家率は、居住世帯のある住宅に対する持家の割合。空き家率は、住宅総数に対する空き家の割合。
（資料）「住宅・土地統計調査」（総務省）

図表１—３　所有関係・建築時期別　居住世帯のある住宅数

《全　国》　　　　　　　　　　　　　　　　　　　　　　　　　　　　　　　　　　　　（単位：戸）

| | 総　数 | 持　家 | 借　家 | | | | |
			借家計	公　営	都市再生機構・公社	民営借家	給与住宅
住　宅　総　数	53,616,300	32,801,500	19,064,700	1,922,300	747,200	15,295,300	1,099,900
昭和 25 年 以 前	1,356,100	1,214,200	141,900	4,200	—	132,700	5,000
昭和 26 年〜45 年	3,208,500	2,381,700	826,800	212,900	175,500	404,600	33,700
昭和 46 年〜55 年	7,446,800	5,319,500	2,127,200	574,900	272,900	1,167,300	112,200
昭和56年〜平成 2 年	9,122,600	5,730,400	3,392,300	400,700	89,700	2,738,100	163,900
平成 3 年〜 7 年	5,208,200	3,129,400	2,078,800	180,900	39,400	1,718,000	140,500
平成 8 年〜12 年	5,575,900	3,543,500	2,032,400	184,100	60,600	1,645,900	141,700
平成 13 年〜17 年	4,968,500	3,161,600	1,806,900	128,800	59,800	1,511,000	107,400
平成 18 年〜22 年	5,089,200	2,985,900	2,103,300	91,800	30,200	1,827,400	153,900
平成 23 年〜25 年	2,855,200	1,732,300	1,122,900	50,600	9,000	981,200	82,200
平 成 26 年	962,900	569,100	393,900	21,500	2,800	343,100	26,500
平 成 27 年	897,700	539,200	358,500	19,000	2,400	311,300	25,800
平 成 28 年	877,100	505,800	371,300	22,100	1,500	321,600	26,200
平 成 29 年	816,900	458,300	358,500	11,900	1,900	318,100	26,600
平成 30 年 1 月〜9 月	522,500	284,900	237,600	8,900	1,500	206,900	20,300
不　　　　　詳	4,708,100	1,245,700	1,712,400	10,000	200	1,668,000	34,100

《関東大都市圏》　　　　　　　　　　　　　　　　　　　　　　　　　　　　　　　　（単位：戸）

| | 総　数 | 持　家 | 借　家 | | | | |
			借家計	公　営	都市再生機構・公社	民営借家	給与住宅
住　宅　総　数	16,924,600	9,436,200	6,742,300	417,400	435,700	5,529,500	359,700
昭和 25 年 以 前	144,600	122,200	22,500	200	—	21,200	1,100
昭和 26 年〜45 年	789,900	487,400	302,500	65,700	112,600	112,500	11,800
昭和 46 年〜55 年	2,044,400	1,389,500	654,900	111,500	146,200	366,000	31,200
昭和56年〜平成 2 年	2,846,200	1,621,600	1,224,600	79,700	47,000	1,047,900	50,100
平成 3 年〜 7 年	1,634,900	861,600	773,300	40,300	25,000	654,100	53,900
平成 8 年〜12 年	1,739,600	1,115,400	624,200	43,000	33,300	502,700	45,200
平成 13 年〜17 年	1,733,900	1,111,200	622,700	30,300	41,600	520,600	30,300
平成 18 年〜22 年	1,742,900	1,026,800	716,100	21,900	18,600	625,900	49,600
平成 23 年〜25 年	999,100	581,600	417,500	11,100	5,900	371,500	29,100
平 成 26 年	335,000	185,300	149,800	4,500	1,300	134,100	9,900
平 成 27 年	315,500	181,200	134,300	3,200	1,800	120,000	9,400
平 成 28 年	291,500	156,700	134,800	2,000	800	122,100	9,900
平 成 29 年	261,600	140,500	121,100	700	600	110,800	9,000
平成 30 年 1 月〜9 月	169,100	85,800	83,300	1,300	800	73,400	7,800
不　　　　　詳	1,876,400	369,500	760,800	2,300	100	746,900	11,400

《中京大都市圏》　　　　　　　　　　　　　　　　　　　　　　　　　　　　　　　　（単位：戸）

| | 総　数 | 持　家 | 借　家 | | | | |
			借家計	公　営	都市再生機構・公社	民営借家	給与住宅
住　宅　総　数	3,797,900	2,350,800	1,342,100	123,100	49,400	1,083,900	85,800
昭和 25 年 以 前	80,300	72,000	8,400	200	—	7,900	200
昭和 26 年〜45 年	231,100	172,200	59,000	13,600	12,100	30,000	3,300
昭和 46 年〜55 年	501,300	354,200	147,100	47,200	23,100	71,200	5,600
昭和56年〜平成 2 年	603,800	397,000	206,800	28,000	4,500	162,800	11,400
平成 3 年〜 7 年	365,400	219,200	146,200	7,300	2,300	128,700	7,800
平成 8 年〜12 年	396,000	250,100	145,900	9,400	2,900	122,500	11,000
平成 13 年〜17 年	360,100	224,300	135,800	6,500	2,700	117,600	9,000
平成 18 年〜22 年	412,400	225,900	186,600	6,500	700	160,300	19,000
平成 23 年〜25 年	220,300	140,100	80,200	2,800	400	71,500	5,500
平 成 26 年	73,600	46,600	27,100	200	100	24,600	2,300
平 成 27 年	67,800	44,500	23,300	400	200	20,800	1,900
平 成 28 年	65,800	43,100	22,800	200	0	20,900	1,600
平 成 29 年	63,700	37,800	25,900	100	200	23,600	2,000
平成 30 年 1 月〜9 月	42,500	24,700	17,800	100	100	15,700	1,800
不　　　　　詳	313,700	99,400	109,400	500	—	105,600	3,300

《近畿大都市圏》　　　　　　　　　　　　　　　　　　　　　　　　　　　　　　　　（単位：戸）

| | 総　数 | 持　家 | 借　家 | | | | |
			借家計	公　営	都市再生機構・公社	民営借家	給与住宅
住　宅　総　数	8,344,700	5,018,800	3,039,000	374,900	196,200	2,345,300	122,600
昭和 25 年 以 前	200,300	163,700	36,600	700	—	35,100	800
昭和 26 年〜45 年	512,600	327,900	184,700	53,600	38,500	88,200	4,400
昭和 46 年〜55 年	1,243,500	821,000	422,500	111,500	76,000	222,900	12,200
昭和56年〜平成 2 年	1,426,400	881,300	545,100	65,700	28,300	435,400	15,800
平成 3 年〜 7 年	760,200	439,400	320,900	35,200	9,300	260,000	16,400
平成 8 年〜12 年	958,800	598,800	360,000	43,600	18,400	281,800	16,300
平成 13 年〜17 年	763,300	529,100	234,300	22,200	11,600	188,700	11,800
平成 18 年〜22 年	781,800	470,700	311,100	19,600	8,800	262,900	19,800
平成 23 年〜25 年	421,100	260,300	160,700	10,000	2,200	139,600	8,900
平 成 26 年	130,800	78,100	52,700	1,900	1,300	47,100	2,300
平 成 27 年	123,600	78,000	45,600	1,700	100	41,100	2,700
平 成 28 年	129,300	73,700	55,500	3,000	400	48,700	3,400
平 成 29 年	116,300	62,000	54,300	2,300	900	48,100	2,900
平成 30 年 1 月〜9 月	66,600	37,600	29,100	1,700	400	25,400	1,600
不　　　　　詳	709,900	197,200	225,800	2,100	—	220,300	3,400

(注) 地域区分は以下のとおりである。
　　関東大都市圏：さいたま市、千葉市、東京都特別区部、横浜市、川崎市、相模原市
　　中京大都市圏：名古屋市
　　近畿大都市圏：京都市、大阪市、堺市、神戸市
(資料)「平成 30 年住宅・土地統計調査」(総務省)

●空き家の状況

　空き家の戸数は全国で849万戸、空き家率は13.6％となっている（平成30年住宅・土地統計調査）。空き家の総数はこの10年で1.1倍、20年で1.5倍に増加している（図表1-1-①）。

　都道府県別では、空き家の戸数がもっとも多いのは東京都81万戸、続いて大阪府71万戸となっており、空き家率がもっとも高いのは山梨県21.3％、続いて和歌山県20.3％となっている（図表1-4）。

　構造別では、一戸建の空き家318万戸のうち79.1％が「その他の住宅」となっており、共同住宅・非木造の空き家478万戸のうち79.1％が「賃貸用の住宅」となっている（図表1-5）。

　令和元年空き家所有者実態調査（国土交通省）によると、戸建て空き家のうち

　・昭和55年以前（旧耐震基準時代）に建築されたものは71.2％であった（図表1-6）

　・腐朽・破損があるものは、約半数であった（図表1-7）

　・所有者の年齢は、65歳以上が61.6％であった（図表1-8）

　・所有者自宅からの距離は、徒歩圏もしくは車・電車などで1時間以内が70.8％であった（図表1-9）

　・人が住まなくなってからの期間は、11年以上が41.0％、5〜11年未満が31.1％、5年未満が23.3％であった（図表1-10）

　・今後も空き家のままにしておく理由の上位3つは、「物置として必要」「解体費用をかけたくない」「さら地にしても使い道がない」であった（図表1-11）

図表1—4　都道府県別　空き家戸数および住宅総数に占める割合

(単位：戸)

	住宅総数	居住世帯なし	空き家総数		二次的住宅		賃貸用の住宅		売却用の住宅		その他の住宅		一時現在者のみ	建築中
北海道	2,807,200	390,500	379,800	13.5%	8,900	0.3%	204,600	7.3%	9,000	0.3%	157,300	5.6%	5,200	5,500
青森県	592,400	91,000	88,700	15.0%	2,200	0.4%	39,200	6.6%	1,400	0.2%	45,800	7.7%	1,700	600
岩手県	579,300	95,700	93,500	16.1%	3,500	0.6%	38,600	6.7%	1,100	0.2%	50,200	8.7%	1,800	500
宮城県	1,089,300	135,700	130,500	12.0%	3,700	0.3%	72,700	6.7%	3,600	0.3%	50,400	4.6%	3,400	1,800
秋田県	445,700	61,900	60,800	13.6%	1,200	0.3%	19,600	4.4%	1,000	0.2%	38,900	8.7%	600	500
山形県	449,000	55,700	54,200	12.1%	1,700	0.4%	21,500	4.8%	1,400	0.3%	29,600	6.6%	1,100	500
福島県	861,300	130,200	123,500	14.3%	5,500	0.6%	56,500	6.6%	2,600	0.3%	58,900	6.8%	5,600	1,100
茨城県	1,328,900	202,300	197,200	14.8%	9,000	0.7%	105,400	7.9%	4,500	0.3%	78,200	5.9%	3,500	1,500
栃木県	926,700	165,400	160,700	17.3%	16,300	1.8%	83,400	9.0%	3,600	0.4%	57,500	6.2%	3,200	1,500
群馬県	949,000	162,400	158,300	16.7%	14,800	1.6%	77,100	8.1%	3,900	0.4%	62,600	6.6%	3,100	1,000
埼玉県	3,384,700	361,500	346,200	10.2%	7,400	0.2%	199,400	5.9%	15,300	0.5%	124,100	3.7%	7,600	7,700
千葉県	3,029,800	394,600	382,500	12.6%	23,600	0.8%	198,300	6.5%	16,200	0.5%	144,400	4.8%	6,600	5,500
東京都	7,671,600	866,100	809,900	10.6%	9,300	0.1%	579,000	7.5%	41,500	0.5%	180,000	2.3%	47,200	9,100
神奈川県	4,503,500	503,500	484,700	10.8%	18,100	0.4%	295,000	6.6%	23,800	0.5%	147,700	3.3%	14,100	4,700
新潟県	994,500	150,300	146,200	14.7%	19,100	1.9%	58,500	5.9%	3,900	0.4%	64,800	6.5%	2,200	1,800
富山県	452,600	61,600	60,000	13.3%	1,400	0.3%	24,900	5.5%	1,500	0.3%	32,200	7.1%	1,000	600
石川県	535,800	80,800	77,800	14.5%	2,700	0.5%	36,300	6.8%	1,100	0.2%	37,600	7.0%	2,100	800
福井県	325,400	46,100	45,000	13.8%	1,400	0.4%	18,700	5.7%	1,100	0.3%	23,800	7.3%	800	200
山梨県	422,000	92,800	90,000	21.3%	16,500	3.9%	35,600	8.4%	1,200	0.3%	36,600	8.7%	2,100	700
長野県	1,007,900	201,300	197,300	19.6%	48,400	4.8%	61,100	6.1%	3,400	0.3%	84,300	8.4%	2,800	1,300
岐阜県	893,900	143,600	139,800	15.6%	8,400	0.9%	64,100	7.2%	3,900	0.4%	63,500	7.1%	2,600	1,100
静岡県	1,714,700	289,600	281,600	16.4%	41,900	2.4%	142,300	8.3%	9,200	0.5%	88,300	5.1%	5,600	2,400
愛知県	3,481,800	412,600	393,800	11.3%	7,200	0.2%	230,900	6.6%	13,100	0.4%	142,600	4.1%	11,800	7,000
三重県	853,700	133,700	129,600	15.2%	6,600	0.8%	43,000	5.0%	2,500	0.3%	77,500	9.1%	2,800	1,300
滋賀県	626,000	83,000	81,200	13.0%	7,200	1.2%	32,800	5.2%	2,800	0.4%	38,300	6.1%	1,000	800
京都府	1,338,300	179,400	171,800	12.8%	7,000	0.5%	76,700	5.7%	6,900	0.5%	81,300	6.1%	5,600	2,000
大阪府	4,680,200	730,700	709,400	15.2%	10,600	0.2%	453,900	9.7%	35,800	0.8%	209,200	4.5%	18,000	3,200
兵庫県	2,680,900	372,300	360,200	13.4%	11,900	0.4%	177,700	6.6%	18,600	0.7%	151,900	5.7%	8,200	3,900
奈良県	617,600	88,500	87,200	14.1%	3,200	0.5%	35,200	5.7%	3,200	0.5%	45,600	7.4%	800	600
和歌山県	485,200	101,300	98,400	20.3%	7,400	1.5%	34,000	7.0%	2,600	0.5%	54,400	11.2%	2,500	300
鳥取県	256,600	41,000	39,900	15.5%	1,400	0.5%	14,900	5.8%	800	0.3%	22,800	8.9%	700	500
島根県	314,200	49,500	48,300	15.4%	1,500	0.5%	13,000	4.1%	600	0.2%	33,200	10.6%	900	300
岡山県	916,300	145,300	142,500	15.6%	3,600	0.4%	62,200	6.8%	3,300	0.4%	73,400	8.0%	1,700	1,000
広島県	1,430,700	221,900	215,600	15.1%	6,600	0.5%	89,000	6.2%	5,900	0.4%	114,200	8.0%	4,800	1,500
山口県	719,900	128,800	126,800	17.6%	2,300	0.3%	50,300	7.0%	2,800	0.4%	71,400	9.9%	1,500	500
徳島県	380,700	75,400	74,100	19.5%	3,000	0.8%	30,200	7.9%	1,500	0.4%	39,300	10.3%	1,000	400
香川県	487,700	90,100	88,200	18.1%	2,800	0.6%	36,900	7.6%	1,800	0.4%	46,700	9.6%	1,300	600
愛媛県	714,300	132,900	129,800	18.2%	3,900	0.5%	49,700	7.0%	3,100	0.4%	73,100	10.2%	1,400	1,800
高知県	391,600	76,200	74,600	19.1%	2,400	0.6%	21,200	5.4%	800	0.2%	50,100	12.8%	1,200	400
福岡県	2,581,200	342,200	328,600	12.7%	5,600	0.2%	180,200	7.0%	16,700	0.6%	126,000	4.9%	10,100	3,600
佐賀県	352,100	51,800	50,500	14.3%	1,000	0.3%	21,100	6.0%	1,600	0.5%	26,800	7.6%	1,000	200
長崎県	659,500	104,300	101,500	15.4%	3,600	0.5%	37,900	5.7%	2,300	0.3%	57,700	8.7%	2,300	400
熊本県	813,700	115,600	111,900	13.8%	3,200	0.4%	41,400	5.1%	2,900	0.4%	64,400	7.9%	2,300	1,400
大分県	581,800	100,000	97,700	16.8%	4,800	0.8%	42,100	7.2%	2,100	0.4%	48,700	8.4%	1,700	600
宮崎県	546,400	86,200	84,200	15.4%	1,500	0.3%	30,900	5.7%	2,000	0.4%	49,900	9.1%	1,600	400
鹿児島県	879,400	170,400	167,000	19.0%	4,200	0.5%	53,600	6.1%	3,900	0.4%	105,200	12.0%	1,900	1,500
沖縄県	652,600	75,600	67,900	10.4%	3,500	0.5%	36,400	5.6%	1,200	0.2%	26,800	4.1%	6,800	1,000
全国	62,407,400	8,791,100	8,488,600	13.6%	381,000	0.6%	4,327,200	6.9%	293,200	0.5%	3,487,200	5.6%	216,700	85,800

(資料)「住宅・土地統計調査」(総務省)

(注) 1. 二次的住宅：別荘もしくは、ふだん住んでいる住宅とは別に、残業で遅くなったときに寝泊まりするなど、たまに寝泊まりしている人がいる住宅
　　　2. その他の住宅：売却・賃貸用以外の人が住んでいない住宅で、例えば、転勤・入院などのため居住世帯が長期にわたって不在の住宅や建て替えなどのために取り壊すことになっている住宅など（空き家の区分の判断が困難な住宅を含む。）
　　　3. 一時現在者のみの住宅：昼間だけ使用している、何人かの人が交代で寝泊まりしているなど、そこにふだん居住している者が一人もいない住宅

図表1－5　構造別空き家戸数

《全国 H30》　　（単位：戸）

	居住世帯なし	空き家総数	二次的住宅	賃貸用の住宅	売却用の住宅	その他の住宅	一時現在者のみ	建築中
一戸建	3,319,600	3,183,800	267,200	227,300	170,700	2,518,500	76,500	59,200
長屋建	506,900	496,700	5,300	318,300	7,800	165,300	7,900	2,300
共同住宅	4,926,400	4,775,200	105,800	3,775,800	114,100	779,600	127,300	23,900
木　造	909,700	893,400	6,800	762,600	5,400	118,600	12,800	3,400
非木造	4,016,800	3,881,800	98,900	3,013,200	108,600	661,000	114,500	20,500
その他	38,200	32,800	2,600	5,700	700	23,700	5,000	400
合計	8,791,100	8,488,600	380,900	4,327,200	293,200	3,487,200	216,700	85,800

（資料）「住宅・土地統計調査」（総務省）

図表1－6　戸建て空き家の建築時期

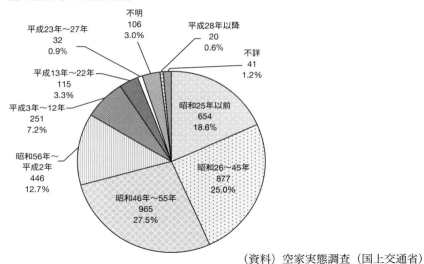

（資料）空家実態調査（国土交通省）

図表1－7　戸建て空き家の腐朽，破損の状態

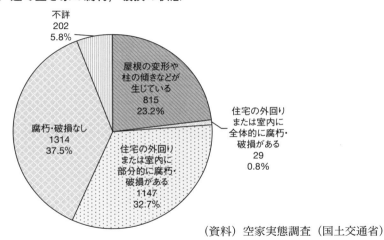

16

（資料）空家実態調査（国土交通省）

図表1−8　戸建て空き家所有者の年齢

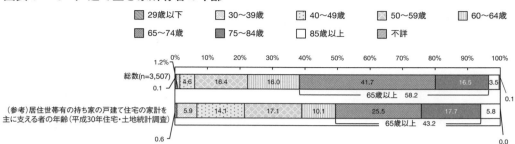

図表1−9　戸建て空き家所有者の自宅からの距離

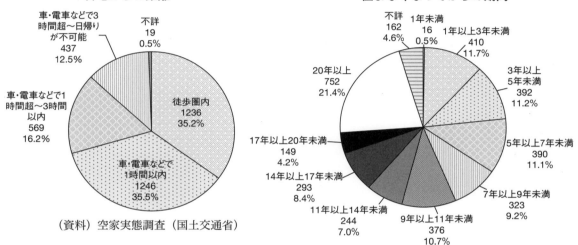

（資料）空家実態調査（国土交通省）

図表1−10　戸建て空き家所有者の人が住まなくなってからの期間

（資料）空家実態調査（国土交通省）

図表1−11　戸建て空き家を空き家にしておく理由（複数回答）

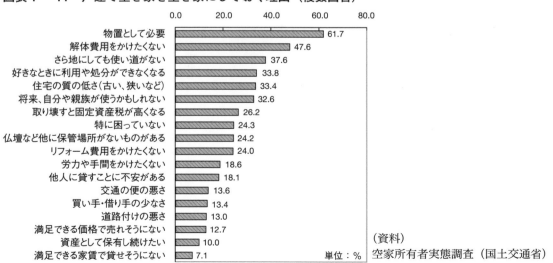

（資料）
空家所有者実態調査（国土交通省）

単位：％

2．住宅の規模

●延べ床面積の推移

　一住宅当たりの延べ床面積は、全国では平成25年よりも減少した。地域別に見ると関東臨海の延べ床面積が増加する一方、東海、近畿は減少した。なお、関東臨海の値は全国値を依然大きく下回っている。また、所有関係別に見ると、持家に比べて借家系の住宅の値は低く、特に民営借家の値は3分の1程度となっている。

図表1—12　所有関係別—住宅当たり延べ床面積の推移

《全　国》 （単位：m²）

	総　数	持　家	借　　　　家			
			公　営	都市再生 機構・公社	民営借家	給与住宅
平成 5	91.92	122.08	49.44	46.66	41.99	56.35
10	92.43	122.74	50.19	46.97	42.03	53.52
15	94.85	123.93	51.56	48.99	44.31	53.63
20	94.13	122.63	51.52	49.51	43.47	53.17
25	94.42	122.32	51.91	50.19	44.39	52.60
30 年	93.04	119.91	51.48	51.03	45.57	52.75

《関東臨海》

	総　数	持　家	借　　　　家			
			公　営	都市再生 機構・公社	民営借家	給与住宅
平成 5	71.43	101.37	45.34	46.44	36.27	49.40
10	72.71	101.78	47.67	46.55	36.78	48.52
15	75.20	101.42	47.28	49.51	38.84	49.24
20	75.32	100.95	46.85	50.34	38.28	48.96
25	75.50	99.97	47.32	50.36	39.67	47.33
30 年	76.62	101.07	46.55	51.29	41.76	48.66

《東　海》

	総　数	持　家	借　　　　家			
			公　営	都市再生 機構・公社	民営借家	給与住宅
平成 5	101.45	130.21	50.80	44.74	45.11	55.66
10	102.01	131.77	50.87	46.82	45.09	52.80
15	104.52	134.53	52.34	46.46	46.89	51.49
20	103.06	133.18	52.72	47.86	45.87	47.44
25	103.50	132.99	53.30	47.88	45.67	45.93
30 年	102.18	129.49	51.51	50.27	47.63	47.59

《近　畿》

	総　数	持　家	借　　　　家			
			公　営	都市再生 機構・公社	民営借家	給与住宅
平成 5	82.87	113.47	47.09	47.37	40.21	57.33
10	84.26	113.77	47.95	47.58	39.92	51.68
15	88.07	115.58	49.18	49.86	43.37	53.12
20	87.56	113.86	49.13	49.95	42.52	53.70
25	89.12	114.91	50.18	50.99	43.93	54.50
30 年	88.17	112.73	49.43	51.20	44.63	55.77

（資料）「住宅・土地統計調査」（総務省）
（注）地域区分については、図表1-2と同じ

●トップは富山、最下位は東京

　各都道府県の一住宅当たり延べ床面積を比較すると、一位は富山県で 145.17m²、以下、福井県、山形県、秋田県と続き、最下位は 65.90m² の東京となっている。図表 1－13 をみると、大都市圏を中心に太平洋側の都道府県は延べ床面積が小さく、反対に日本海側の県は大きいということが言える。

図表 1－13　一住宅当たり延べ床面積の都道府県比較

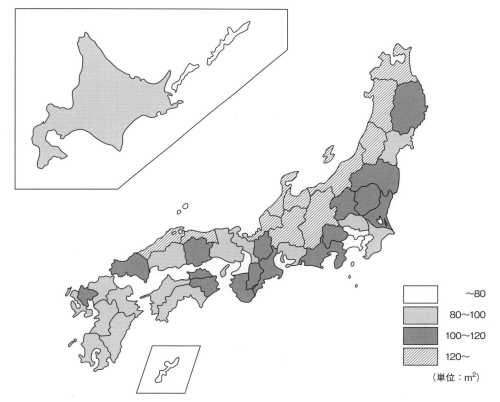

	～80
	80～100
	100～120
	120～

（単位：m²）

（資料）「平成 30 年住宅・土地統計調査」（総務省）

3．住宅に対する国民の意識

●不満率が低下。ニーズも多様化

① 平成30年の「住生活総合調査」（国土交通省）によれば、現在の住宅及び居住環境について、「非常に不満」とする世帯の割合が3.1％、「多少不満」が18.4％であり、「不満率」（「非常に不満」と「多少不満」をあわせた率）は21.5％となっている。平成20年調査では、「不満率」は28.4％であり、6.9ポイントの減少となった（図表1－14）。

② 住宅に対する不満率は23.1％、また、居住環境に対する不満率は27.8％である。平成20年調査では、不満率はそれぞれ32.0％、31.7％であり、住宅では8.9ポイント、居住環境では3.9ポイントの減少となった。

③ 住宅に対する不満の中身を見ると（図表1－15）、「高齢者への配慮」に対する不満が最も高く、ついで「地震時の安全性」、「遮音性」となっており、広さというより住機能や安全性に対して不満が多い。これは、住宅に対するニーズの多様化や高度化が反映されているものと思われる。

④ 居住環境に対する不満の中身では、防犯性・安全性の確保、生活関連施設の整備など多様な要求がある（図表1－16）。

⑤ 最近5年間で住宅の新築・購入・増改築や賃貸住宅への入居等の居住状況の変化のあった世帯は全世帯の45.7％であり、このうち、変化の内訳としては、住み替えが22.9％、リフォームが22.1％、建替えが0.8％となっている（図表1－17）。

⑥ 今後、住宅の住み替えの意向がある世帯は、全世帯の19.7％であるが、住宅の住み替えの意向がない世帯は、60.6％となっている（図表1－18）。

⑦　今後の居住形態及び住み替え方法では、以下の傾向が見られる（図表 1 − 19)。

　1) 今後の居住形態として「借家への住み替え」を考えている世帯の割合は増えている。

　　現在持家の世帯では 13.1 %（2.9 ポイント減少)、現在借家の世帯では 43.0 %（8.8 ポイント増加)

　2) 住み替え方法として「中古住宅」を考えている世帯の割合は増えている。

　　現在持家の世帯では 15.0 %（1.3 ポイント増加)、現在借家の世帯では 21.8 %（7.9 ポイント増加)

　3) 住み替え方法として新築・中古に「こだわらない」世帯の割合は持家の世帯では減少し、借家の世帯では増加している。現在持家の世帯では 31.1 %（6.9 ポイント減少)、現在借家の世帯では 34.2 %（4 ポイント増加)

図表 1－14　住まいの評価（全国）

(1) 住宅及び居住環境の総合評価

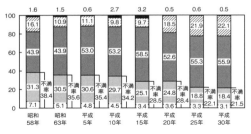

（単位：%）

(2) 住宅の評価

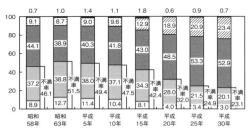

(3) 居住環境の評価

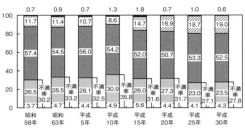

（資料）「住宅需要実態調査・住生活総合調査」（国土交通省）

図表 1 － 15　住宅の各要素に対する評価（不満率）（全国）

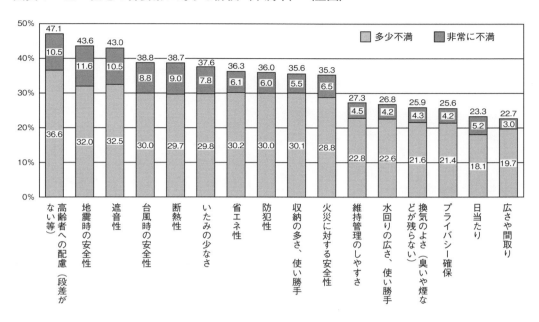

(資料)「住生活総合調査（平成 30 年）」(国土交通省)

図表 1 － 16　居住環境の各要素に対する評価（不満率）（全国）

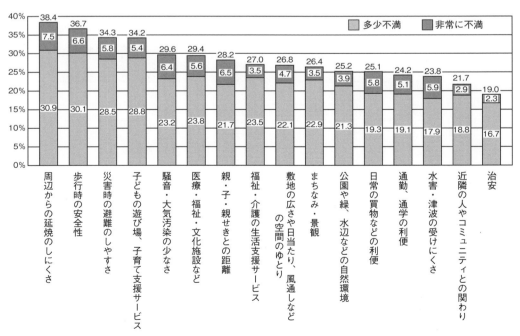

(資料)「住生活総合調査（平成 30 年）」(国土交通省)

図表 1－17　最近 5 年間での居住状況の変化

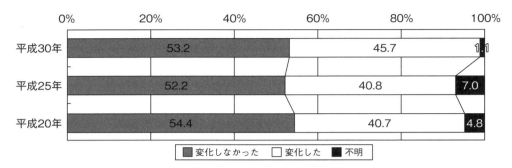

●変化の内訳（複数回答）

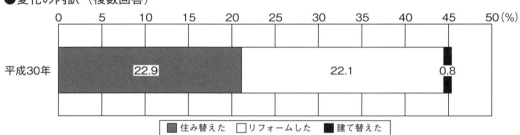

(資料)「住生活総合調査（平成 30 年)」(国土交通省)

図表 1－18　今後または将来の住み替えの意向

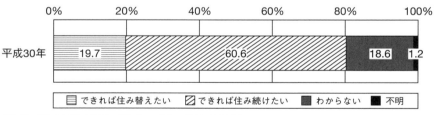

(資料)「住生活総合調査（平成 30 年)」(国土交通省)

図表 1-19　今後の居住形態及び住み替え方法

【居住形態】

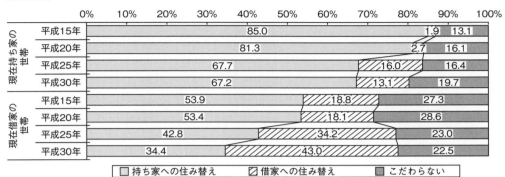

【住み替え方法】

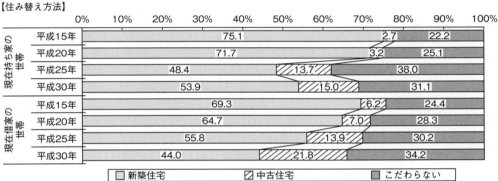

（資料）「住生活総合調査（平成30年）」（国土交通省）

４．住宅及び居住環境に不満を持つ世帯と住み替えの意向

　図表１－20の図表は住宅及び居住環境に不満を持つ世帯を11の世帯類型に分けて、不満率、住み替えの意向のある世帯の割合についてまとめたものである。

　たとえば、世帯類型⑦の「親と子（長子５歳以下）」をみると住宅の不満率は19.2％、住み替えの意向のある世帯の割合は38.6％となる。また、世帯類型②の「単身（35歳未満）」についても、住宅の不満率は22.8％、住み替えの意向のある世帯の割合は42.3％と約４割が住み替えを希望している結果となった。

図表１－20　住宅及び居住環境に不満を持つ世帯と住み替えの意向
　　　　　　①不満率と住み替え意向のある世帯の割合

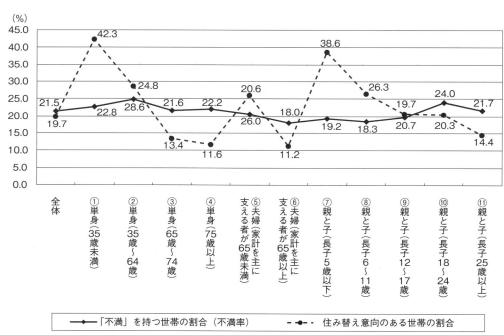

※不満率＝「多少不満がある」＋「非常に不満がある」世帯の割合

（資料）「住生活総合調査（平成30年）」（国土交通省）

26

5．居住水準の推移

●「住生活基本計画（全国計画）」において、居住面積水準を設定

　住生活基本計画（全国計画）（令和 3 年 3 月閣議決定）においては、世帯人数に応じて、豊かな住生活の実現の前提として多様なライフスタイルに対応するために必要と考えられる住宅の面積に関する誘導居住面積水準（都市の郊外及び都市部以外の一般地域における戸建住宅居住を想定した「一般型誘導居住面積水準」と都市の中心及びその周辺における共同住宅居住を想定した「都市居住型誘導居住面積水準」の 2 種類）を設定し、特に、子育て世帯（構成員に 18 歳未満の者が含まれる世帯）における誘導居住面積水準達成率について、

　　全　　国：42％（平成 25 年）→42％（平成 30 年）

　　大都市圏：37％（平成 25 年）→39％（平成 30 年）

となっている。

　また、世帯人数に応じて、健康で文化的な住生活を営む基礎として必要不可欠な住宅の面積に関する最低居住面積水準を設定し、最低居住面積水準未満の住宅に居住する世帯を観測・実況指標としている。

　住生活基本計画における誘導居住面積水準及び最低居住面積水準を図表 1 － 21 に示すとともに、第八期住宅建設五箇年計画における誘導居住水準及び最低居住水準を図表 1 － 22 に示す。

　第八期住宅建設五箇年計画までの居住水準、及び住生活基本計画における居住面積水準の達成状況の推移は、図表 1 － 23 に示すとおりである。また、住生活基本計画における居住面積水準の世帯属性別の達成状況は、図表 1 － 24 に示すとおり、世帯全体では、過半数が誘導居住面積水準を達成しているが、子育て世帯については、未だ達成率が低く、全国では 42.4％、大都市圏では 39.2％となっている。

図表 1 − 21　住生活基本計画（全国計画）における誘導居住面積水準及び最低居住面積水準

1．誘導居住面積水準
　(1)　一般型誘導居住面積水準
　　①　単身者　55 m²
　　②　2 人以上の世帯　25 m²×世帯人数＋25 m²
　(2)　都市居住型誘導居住面積水準
　　①　単身者　40 m²
　　②　2 人以上の世帯　20 m²×世帯人数＋15 m²

2．最低居住面積水準
　(1)　単身者　25 m²
　(2)　2 人以上の世帯　10 m²×世帯人数＋10 m²

【1、2 共通】
注 1　上記の式における世帯人数は、3 歳未満の者は 0.25 人、3 歳以上 6 歳未満の者は 0.5 人、6 歳以上 10 歳未満の者は 0.75 人として算定する。ただし、これらにより算定された世帯人数が 2 人に満たない場合は 2 人とする。

　2　世帯人数（注 1 の適用がある場合には適用後の世帯人数）が 4 人を超える場合は、上記の面積から 5％を控除する。

　3　次の場合には、上記の面積によらないことができる。
　　①　単身の学生、単身赴任者等であって比較的短期間の居住を前提とした面積が確保されている場合
　　②　適切な規模の共用の台所及び浴室があり、各個室に専用のミニキッチン、水洗便所及び洗面所が確保され、上記の面積から共用化した機能・設備に相当する面積を減じた面積が個室部分で確保されている場合
　　③　既存住宅を活用する場合などで、地域における住宅事情を勘案して地方公共団体が住生活基本計画等に定める面積が確保されている場合

◆参考：世帯人数別の面積例

		世帯人数別の住戸専用面積（例）　（単位：m²）			
		単身	2 人	3 人	4 人
誘導居住面積水準	一般型	55	75【75】	100【87.5】	125【112.5】
	都市居住型	40	55【55】	75【65】	95【85】
最低居住面積水準		25	30【30】	40【35】	50【45】

【　】内は、3〜5 歳児が 1 名いる場合

図表 1 - 22　第八期住宅建設五箇年計画の居住水準

1．一般型誘導居住水準

世帯人員	居住室面積(内法)	住戸専用面積(壁芯)
1人	27.5 m² (16.5 畳)	50 m²
1人（中高齢単身）	30.5　(18.5　)	55
2人	43.0　(26.0　)	72
3人	58.5　(35.5　)	98
4人	77.0　(47.0　)	123
5人	89.5　(54.5　)	141
5人（高齢単身者を含む）	99.5　(60.5　)	158
6人	92.5　(56.5　)	147
6人（高齢夫婦を含む）	102.5　(62.5　)	164

注1．標準的な世帯構成とは、世帯人員3人以上の場合、夫婦と分離就寝すべき子供により構成される世帯をいう。
　2．居住室面積には、寝室、食事室、台所（又は食事室兼台所）、居間及び余裕室のみを含む。
　3．住戸専用面積には、寝室、食事室、台所（又は食事室兼台所）、居間、余裕室、便所、浴室、収納スペース等を含むが、バルコニーは含まない。

2．都市居住型誘導居住水準

世帯人員	居住室面積(内法)	住戸専用面積(壁芯)
1人	20.0 m² (12.0 畳)	37 m²
1人（中高齢単身）	23.0　(14.0　)	43
2人	33.0　(20.0　)	55
3人	46.0　(28.0　)	75
4人	59.0　(36.0　)	91
5人	69.0　(42.0　)	104
5人（高齢単身者を含む）	79.0　(48.0　)	122
6人	74.5　(45.5　)	112
6人（高齢夫婦を含む）	84.5　(51.5　)	129

注1．標準的な世帯構成とは、世帯人員3人以上の場合、夫婦と分離就寝すべき子供により構成される世帯をいう。
　2．居住室面積には、寝室、食事室、台所（又は食事室兼台所）及び居間のみを含む。
　3．住戸専用面積には、寝室、食事室、台所（又は食事室兼台所）、居間、便所、浴室、収納スペース等を含むが、バルコニーは含まない。

3．最低居住水準

世帯人員	居住室面積(内法)	住戸専用面積(壁芯)
1人	7.5 m² (4.5 畳)	18 m²
1人（中高齢単身）	15.0　(9.0　)	25
2人	17.5　(10.5　)	29
3人	25.0　(15.0　)	39
4人	32.5　(19.5　)	50
5人	37.5　(22.5　)	56
6人	45.0　(27.0　)	66

注1．標準的な世帯構成とは、世帯人員3人以上の場合、夫婦と分離就寝すべき子供により構成される世帯をいう。
　2．居住室面積には、寝室、食事室兼台所のみを含む。
　3．住戸専用面積には、寝室、食事室兼台所、便所、浴室、収納スペース等を含むが、バルコニーは含まない。

図表1－23 居住面積水準の推移（全国）

○ 2018年（平成30年）の誘導居住面積水準達成世帯は全体の約60%、最低居住面積水準未満世帯は約4%

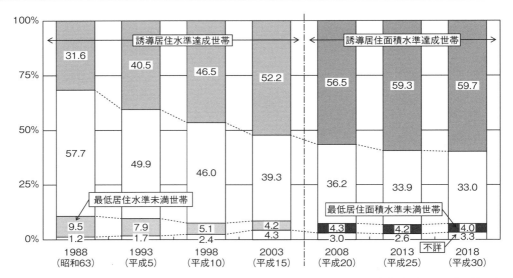

注）平成20年以降の最低居住面積水準未満率及び誘導居住面積水準達成率は、住生活基本計画（平成18年9月閣議決定）で新たに定められた居住面積水準を基に、住宅・土地統計調査及び住生活総合調査の結果を活用して国土交通省で独自に集計、平成15年調査までは住宅建設五箇年計画の最低居住水準及び誘導居住水準を基に集計したもの。
資料：総務省「住宅・土地統計調査」、国土交通省「住生活総合調査」を基に国土交通省で独自集計

図表1－24 子育て世帯の居住面積水準達成状況

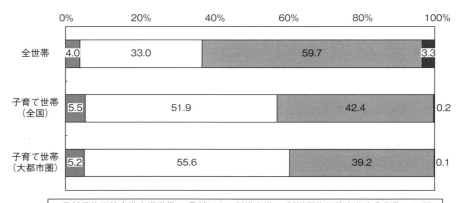

（注）1．住生活基本計画（全国計画）に定める誘導居住面積水準及び最低居住面積水準により算定
　　　2．子育て世帯とは、2人以上世帯で世帯主又はその配偶者以外に18歳未満の者がいる世帯
（資料）誘導居住面積水準：「住宅・土地統計調査（平成30年）」〔総務省〕特別集計
　　　　最低居住面積水準：「住宅・土地統計調査（平成30年）」〔総務省〕特別集計、
　　　　　　　　　　　　　（短期居住意向・継続居住意向の割合については「住生活総合調査（平成30年）」
　　　　　　　　　　　　　〔国土交通省〕特別集計）

（参考）持ち家世帯類型別の床面積構造（平成30年）

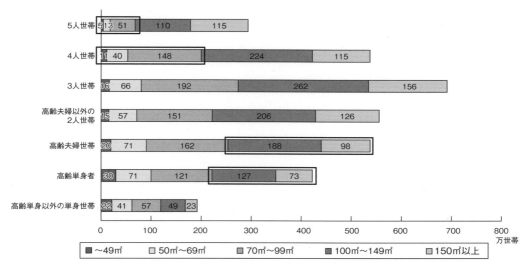

（資料）平成30年住宅・土地統計調査〔総務省〕をもとに国土交通省推計

第 2 章

住宅建設の動向

1. 新設住宅着工戸数の推移

●令和 4 年度は 86.1 万戸

① 我が国の住宅建設は、国民の旺盛な住宅需要、経済の高度成長等を背景として、戦後ほぼ一貫して増加し、新設住宅着工戸数も昭和 47 年度には 185.6 万戸と最高水準を記録した。その後、48 年秋からの第一次石油危機を契機に著しく落ち込んだが、51 年度以降回復し、新設住宅着工戸数も年間 150 万戸前後の水準で安定的に推移した。

② しかし、世帯数の増勢鈍化など構造的な要因の他、住宅価格の上昇、所得の伸び悩み等により、新設住宅着工戸数は、55 年度に 121.4 万戸と大きく減少し、56 年度から 58 年度までは年間 110 万戸台の水準にとどまった。

③ その後、家賃の安定的な伸び、建築費の相対的な安定、低水準の金利等により貸家経営意欲が高まったこと、若年人口及び単身世帯が増加したこと等を背景として、昭和 59 年度以降、新設住宅着工戸数は増勢に転じ、昭和 62 年度には、史上第 3 位の 172.9 万戸となった。

昭和 63 年度以降バブル崩壊の影響もあり、平成 3 年度には 130 万戸台に落ち込んだものの、その後、平成 8 年度にかけて 140 万～160 万戸台の水準で推移した。

④ 平成 9 年度は、消費税率引き上げ等に伴う駆け込み需要の反動減、所得の伸びの低迷やリストラ等による雇用不安、景気動向の先行き不透明感等により、年度全体では前年度比 17.7％減の 134 万戸と大幅に減少した。

⑤ 平成 10 年度以降は、住宅金融公庫融資の大幅拡充、住宅ローン控除制度をはじめとする税制改正、経済対策等の政策効果による住宅取得環境の改善の下で、雇用・所得環境が厳しいながらも 120 万戸前後の水準を維持し、平成 18 年度は、景気の回復基調を反映し、128.5 万戸と 4 年連続で増加となった。

⑥ 平成 19 年度は、主として改正建築基準法の影響により、103.6 万戸と大幅に減少し、平成 20 年度は年度後半からの景気の急速な悪化等により、大幅な減少となった前年度に比べても微増となった。平成 21 年度は、景気後退等に伴う厳しい雇用情勢、所得環境、資金調達環境等が住宅市場に影響を及ぼす状況が継続し、77.5 万戸と昭和 39 年度以来の低い水準となった。

⑦　平成25年度は、消費マインドの改善や東日本大震災からの復興のほか、消費税率引き上げに伴う駆け込み需要の影響によって、98.7万戸と4年連続で増加した。一方、平成26年度は、消費税率引き上げに伴う駆け込み需要の反動減等の影響により、88.0万戸と5年ぶりに減少した。

　平成27年度は、消費税率引き上げに伴う駆け込み需要の反動減からの回復等により、92.1万戸となった。平成28年度は、平成27年1月の相続税課税強化に伴う節税目的や低金利の影響により、貸家が着工全体を大きく牽引し、97.4万戸と2年連続の増加となった。平成29年度は、持家、貸家、分譲住宅ともに減少して、94.6万戸となり、平成26年度以来はじめての減少（2.8％減）となった。平成30年度は、個人向けアパートローン融資の減少などもあり貸家が減少する一方、分譲住宅や消費税率引き上げにともなう経過措置期限（平成31年3月）までに富裕層・建て替え層などの一部で受注が増加した持家が増加し、住宅着工全体は、2年ぶりの増加（0.7％増）となった。

　令和元年度は、消費税率の引上げがなされたことに対し住宅ローン減税の拡充等の住宅取得支援対策が講じられたことにより前回の消費税率引上げ時と比べると駆け込み需要とその反動減は抑制されたが持家、賃家、分譲住宅ともに減少し、全体として2年ぶりの減少（7.3％減）となった。令和2年度は新型コロナウイルス感染症拡大の影響等により受注が減少するなどした結果、2年連続の減少（8.1％減）となったが、令和3年度は大きく落ち込んだ前年度からは回復し、3年ぶりの増加（6.6％増）となった。令和4年度は前年度とほぼ同水準だが、2年ぶりの減少（0.6％減）となった。（図表2－1、2－2）。

図表2－1　新設住宅着工戸数の推移（総戸数、持家系・借家系別）

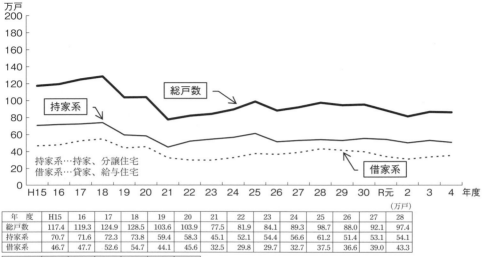

年　度	H15	16	17	18	19	20	21	22	23	24	25	26	27	28
総戸数	117.4	119.3	124.9	128.5	103.6	103.9	77.5	81.9	84.1	89.3	98.7	88.0	92.1	97.4
持家系	70.7	71.6	72.3	73.8	59.4	58.3	45.1	52.1	54.4	56.6	61.2	51.4	53.1	54.1
借家系	46.7	47.7	52.6	54.7	44.1	45.6	32.5	29.8	29.7	32.7	37.5	36.6	39.0	43.3

年　度	29	30	R元	2	3	4
総戸数	94.6	95.3	88.4	81.2	86.6	86.1
持家系	53.1	55.5	54.3	50.2	53.0	50.8
借家系	41.6	39.8	34.1	31.0	33.6	35.3

（資料）「住宅着工統計」（国土交通省）

図表2-2 新設住宅着工戸数の推移（利用関係別）

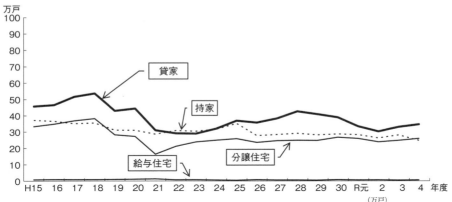

年　度	H15	16	17	18	19	20	21	22	23	24	25	26	27	28
持家	37.3	36.7	35.3	35.6	31.2	31.1	28.7	30.9	30.5	31.7	35.3	27.8	28.4	29.2
貸家	45.9	46.7	51.8	53.8	43.1	44.5	31.1	29.2	29.0	32.1	37.0	35.8	38.4	42.7
給与住宅	0.8	0.9	0.9	0.9	1.0	1.1	1.3	0.7	0.8	0.6	0.5	0.8	0.6	0.6
分譲住宅	33.4	34.9	37.0	38.3	28.3	27.3	16.4	21.2	23.9	25.0	25.9	23.6	24.7	24.9

年　度	29	30	R元	2	3	4
持家	28.2	28.8	28.3	26.3	28.1	24.8
貸家	41.0	39.0	33.5	30.3	33.1	34.7
給与住宅	0.5	0.8	0.6	0.7	0.5	0.6
分譲住宅	24.8	26.7	26.0	23.9	24.8	26.0

（資料）「住宅着工統計」（国土交通省）

【参考】貸家着工推移（建築主別）

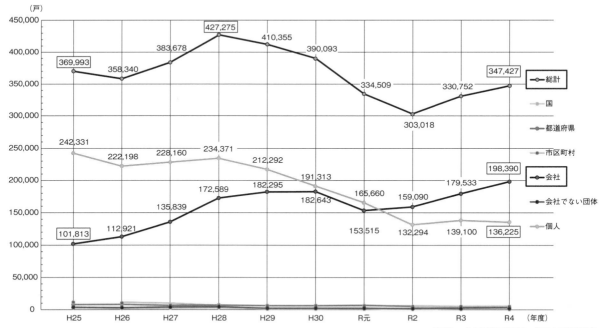

出典：住宅着工統計（国土交通省）

図表2－3　新設住宅着工戸数の推移（月別・総戸数）

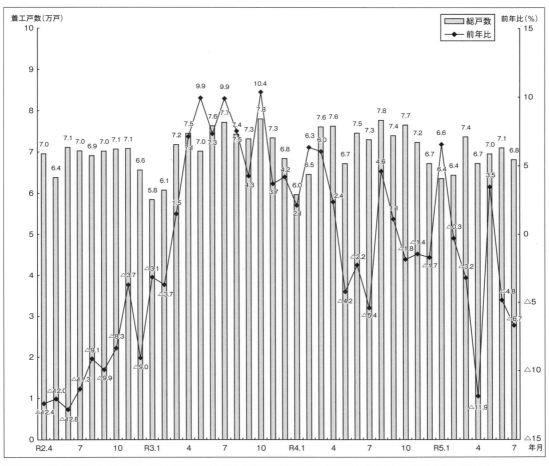

年月	R2 4月	5月	6月	7月	8月	9月	10月	11月	12月	1月	2月	3月	年度計
着工戸数	69,568	63,839	71,101	70,244	69,101	70,186	70,685	70,798	65,643	58,448	60,764	71,787	812,164
対前年同月比（％）	▲12.4	▲12.0	▲12.8	▲11.3	▲ 9.1	▲ 9.9	▲ 8.3	▲ 3.7	▲ 9.0	▲ 3.1	▲ 3.7	1.5	▲ 8.1

年月	R3 4月	5月	6月	7月	8月	9月	10月	11月	12月	1月	2月	3月	年度計
着工戸数	74,521	70,178	76,312	77,182	74,303	73,178	78,004	73,414	68,393	59,690	64,614	76,120	865,909
対前年同月比（％）	7.1	9.9	7.3	9.9	7.5	4.3	10.4	3.7	4.2	2.1	6.3	6.0	6.6

年月	R4 4月	5月	6月	7月	8月	9月	10月	11月	12月	1月	2月	3月	年度計
着工戸数	76,294	67,223	74,617	73,024	77,731	74,004	76,590	72,372	67,249	63,604	64,426	73,693	860,828
対前年同月比（％）	2.4	▲ 4.2	▲ 2.2	▲ 5.4	4.6	1.1	▲ 1.8	▲ 1.4	▲ 1.7	6.6	▲ 0.3	▲ 3.2	▲ 0.6

年月	R5 4月	5月	6月	7月
着工戸数	67,250	69,561	71,015	68,151
対前年同月比（％）	▲ 11.9	3.5	▲ 4.8	▲ 6.7

（資料）「住宅着工統計」（国土交通省）

図表２－４　新設住宅着工戸数の推移（月別・利用関係別）

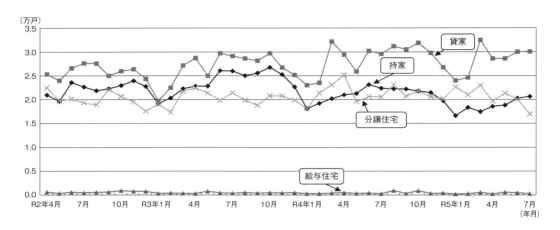

(単位：戸、%)

年月	総計	(前年比)	持家	(前年比)	貸家	(前年比)	給与住宅	(前年比)	分譲住宅	(前年比)
R2年4月	69,568	△12.4	21,018	△17.4	25,379	△14.0	614	△40.4	22,557	△3.6
5月	63,839	△12.0	19,697	△20.7	24,041	△8.1	344	△8.0	19,757	△6.9
6月	71,101	△12.8	23,650	△16.7	26,666	△13.0	596	△5.7	20,189	△7.7
7月	70,244	△11.3	22,708	△13.6	27,696	△8.8	481	△23.0	19,359	△11.8
8月	69,101	△9.1	21,915	△8.8	27,671	△5.4	582	147.7	18,933	△15.9
9月	70,186	△9.9	22,337	△7.0	25,053	△14.8	637	37.3	22,159	△7.8
10月	70,685	△8.3	23,013	△6.1	26,043	△11.5	923	193.0	20,706	△9.6
11月	70,798	△3.7	24,010	1.5	26,451	△8.1	789	192.2	19,548	△6.1
12月	65,643	△9.0	22,819	2.4	24,423	△11.5	779	15.2	17,622	△18.4
R3年1月	58,448	△3.1	19,200	6.4	19,794	△18.0	365	21.3	19,089	6.9
2月	60,764	△3.7	20,390	4.3	22,556	△0.4	420	△23.4	17,398	△14.6
3月	71,787	1.5	22,340	0.1	27,245	2.6	378	△40.7	21,824	2.8
4月	74,521	7.1	22,877	8.8	28,825	13.6	336	△45.3	22,483	△0.3
5月	70,178	9.9	22,887	16.2	25,074	4.3	791	129.9	21,426	8.4
6月	76,312	7.3	26,151	10.6	29,802	11.8	482	△19.1	19,877	△1.5
7月	77,182	9.9	26,071	14.8	29,230	5.5	401	△16.6	21,480	11.0
8月	74,303	7.5	25,100	14.5	28,733	3.8	534	△8.2	19,936	5.3
9月	73,178	4.3	25,659	14.9	28,254	12.8	410	△35.6	18,855	△14.9
10月	78,004	10.4	26,840	16.6	29,822	14.5	506	△45.2	20,836	0.6
11月	73,414	3.7	25,329	5.5	26,819	1.4	453	△42.6	20,813	6.5
12月	68,393	4.2	22,731	△0.4	25,222	3.3	513	△34.1	19,927	13.1
R4年1月	59,690	2.1	18,130	△5.6	23,083	16.6	323	△11.5	18,154	△4.9
2月	64,614	6.3	19,258	△5.6	23,583	4.6	320	△23.8	21,453	23.3
3月	76,120	6.0	20,246	△9.4	32,305	18.6	425	12.4	23,144	6.0
4月	76,295	2.4	21,040	△8.0	29,526	2.4	522	55.4	25,207	12.1
5月	67,223	△4.2	21,314	△6.9	25,963	3.5	349	△55.9	19,597	△8.5
6月	74,617	△2.2	23,196	△11.3	30,294	1.7	435	△9.8	20,692	4.1
7月	73,024	△5.4	22,430	△14.0	29,686	1.6	295	△26.4	20,613	△4.0
8月	77,731	4.6	22,302	△11.1	31,303	8.9	954	78.7	23,172	16.2
9月	74,004	1.1	22,258	△13.3	30,623	8.4	351	△14.4	20,772	10.2
10月	76,590	△1.8	21,834	△18.7	31,996	7.3	919	81.6	21,841	4.8
11月	72,372	△1.4	21,511	△15.1	29,873	11.4	346	△23.6	20,642	△0.8
12月	67,249	△1.7	19,768	△13.0	26,845	6.4	436	△15.0	20,200	1.4
R5年1月	63,604	6.6	16,627	△8.3	24,041	4.2	238	△26.3	22,698	25.0
2月	64,426	△0.3	18,368	△4.6	24,692	4.7	304	△5.0	21,062	△1.8
3月	73,693	△3.2	17,484	△13.6	32,585	0.9	571	34.4	23,053	△0.4
4月	67,250	△11.9	18,597	△11.6	28,685	△2.8	267	△48.9	19,701	△21.8
5月	69,561	3.5	18,853	△11.5	28,695	10.5	624	78.8	21,389	9.1
6月	71,015	△4.8	20,325	△12.4	30,112	△0.6	494	13.6	20,084	△2.9
7月	68,151	△6.7	20,689	△7.8	30,170	1.6	313	6.1	16,979	△17.6

（資料）「住宅着工統計」（国土交通省）

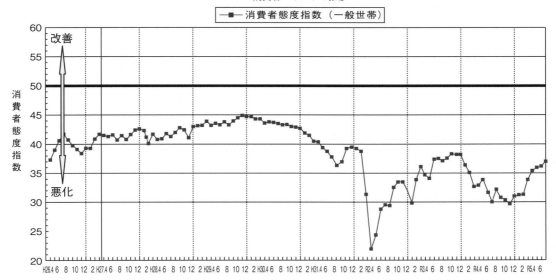

消費者マインドの推移

■— 消費者態度指数（一般世帯）

(資料) 内閣府「消費動向調査」

〈消費者態度指数〉
　今後半年間の「暮らし向き」、「収入の増え方」、「雇用環境」、「耐久消費財の買い時判断」の4項目について、5段階評価で回答を求める。
　各調査項目ごとに消費に及ぼす効果に応じて、「良くなる」に＋1、「やや良くなる」に＋0.75、中立の回答区分「変わらない」に＋0.5、マイナスの回答区分「やや悪くなる」に＋0.25、「悪くなる」に0の評価を与え、この点数を回答区分（構成比、％）に乗じ、乗じた結果を合計して各調査項目ごとの消費者意識指標を算出する。
　これら4項目の消費者意識指標を単純平均して、「消費者態度指数」を算出する。

図表2－5 新設住宅着工戸数の推移（首都圏：総戸数、利用関係別）

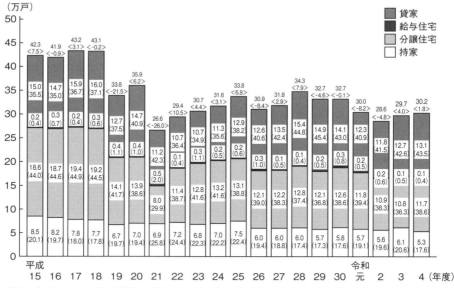

（注）〈 〉内は前年度比（％）、（ ）内は総戸数に占める割合（％）である。
（資料）「住宅着工統計」（国土交通省）
　　　　首都圏：東京都、埼玉県、千葉県、神奈川県

図表2－6 新設住宅着工戸数の推移（近畿圏：総戸数、利用関係別）

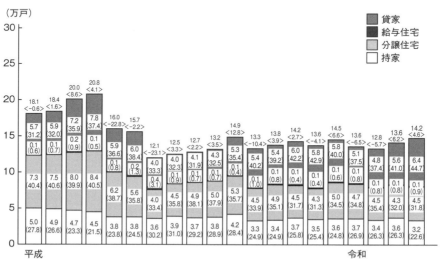

（注）〈 〉内は前年度比（％）、（ ）内は総戸数に占める割合（％）である。
（資料）「住宅着工統計」（国土交通省）
　　　　近畿圏：大阪府、京都府、兵庫県、滋賀県、奈良県、和歌山県

２．着工新設住宅の床面積の推移

●持家と比べて格段に狭小な貸家の１戸当たり床面積

①　住宅着工床面積と単位面積当たり建築費との積として表わされる住宅投資は、GDP に占める割合が高く、景気全体に与える影響も大きいことから、新設住宅着工床面積は、景気動向のバロメータとしても重要な指標であり、景気動向指数（内閣府）の先行指数にも採用されている。

　図表２－７によると、新設住宅着工床面積は、新設住宅着工戸数の動きにあわせて推移している。すなわち、昭和 59 年度から増加に転じ、62 年度から平成２年度まではほぼ横ばいで推移し、３年度には着工戸数の減少による影響で一旦は減少したものの、４年度から８年度までは概ね増加傾向で推移した。９年度、10 年度は着工戸数が低水準であったことにより、前年度を大きく下回り、11 年度に一旦は持ち直したものの、12 年度以降減少を続けていたが、15 年度より上昇に転じ、19 年度は、主として改正建築基準法の影響により減少、平成 21 年度は、経済全体の減速により前年度比 21.5％減と大幅に落ち込んだ。その後は増加傾向となったが、平成 26 年度は、消費税率引き上げに伴う駆け込み需要の反動減の影響により、着工戸数が減少したため、５年ぶりに減少した。平成 27 年度は、消費税率引き上げに伴う駆け込み需要の反動減からの回復等により、前年度比 2.2％増の 75.6 百万 m^2 となった。平成 28 年度は、相続税対策や低金利の影響により、78.7 百万 m^2 と、２年連続の増加となった。平成 29 年度は、75.8 百万 m^2 となり、平成 26 年度以降はじめての減少となった。平成 30 年度は、個人向けアパートローン融資の減少などを受けて貸家の面積が減少する一方、分譲住宅や消費税率引き上げに伴う経過措置期限（平成 31 年３月）までに富裕層・建て替え層などの一部で受注が増加した持家の面積が増加し 76.6 百万 m^2 と２年ぶりの増加となった。令和元年度は 73.1 百万 m^2、令和２年度は 66.3 百万 m^2 と２年連続の減少となったが、令和３年度は大きく落ち込んだ前年度からは回復し、３年ぶりの増加となった。令和４年度は令和２年度からは回復したものの、前年度には届かず、２年ぶりの減少しなった。

② 　住宅に対する不満は、"居住面積"の狭さに起因するところが多いため、着工新設
住宅の一戸当たり床面積は、規模の面からみた住宅の質を表わしていると考えられ
る。着工新設住宅の一戸当たり床面積は、昭和43年度の66.1 m^{2}から毎年度順調な
増加を続け、55年度では94.3 m^{2}にまで達したが、56年度からは逆に減少に転じ、
62年度は80 m^{2}をも下回り、79.3 m^{2}まで落ち込んだ。これは、持家などに比べて狭
小な貸家の着工新設住宅に占める割合が上昇したことに加え、その貸家自体の一戸
当たり床面積が年々減少したためである。その後、新設住宅着工戸数に占める貸家
の割合が低下したこと等から、一戸当たり床面積は増加傾向で推移し、平成11年度
は97.5 m^{2}にまで達した。12年度以降は、再び貸家の割合が増加したことから減少
傾向で推移し、平成20年度には、83.1 m^{2}まで低下した。その後リーマンショック
の影響で貸家割合が減少したことにより、平成25年度は88.4 m^{2}となった。平成27
年1月に相続税が改正による相続税の節税対策や低金利の影響等を背景に貸家の割
合が増加したことにより、減少傾向で推移し、平成29年度には80.1 m^{2}まで低下し
た。平成30年度以降は増減を繰り返し、令和4年度は79.8 m^{2}となった（図表2−
9）。

③ 　利用関係別に着工新設住宅の一戸当たり床面積の推移をみると、持家については
昭和50年度以降着実に増加を続け、平成8年度の141.0 m^{2}をピークとして、以降
130 m^{2}後半で推移していたが、平成12年度より徐々に減少を続け、令和4年度は
115.8 m^{2}となった。分譲住宅については、多少の波はあるものの概ね増加傾向で推
移していたが、平成13年度に98.1 m^{2}に達した以降は、減少傾向に転じ、90 m^{2}前後
の水準で推移している。

　　また、貸家については、昭和55年度の57.1 m^{2}をピークとして以後徐々に減少を
続け、平成2年度に45.1 m^{2}となった。平成3年度以降は徐々に持ち直し50 m^{2}前後
で推移したが、令和4年度は47.1 m^{2}となり、ここ数年はほぼ横ばいの傾向にある。

図表2—7　新設住宅着工床面積の推移（総計、利用関係別）

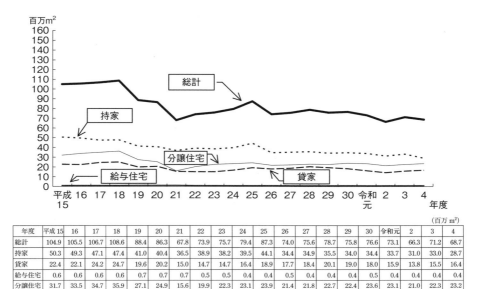

(百万 m²)

年度	平成15	16	17	18	19	20	21	22	23	24	25	26	27	28	29	30	令和元	2	3	4
総計	104.9	105.5	106.7	108.6	88.4	86.3	67.8	73.9	75.7	79.4	87.3	74.0	75.6	78.7	75.8	76.6	73.1	66.3	71.2	68.7
持家	50.3	49.3	47.1	47.4	41.0	40.4	36.5	38.9	38.2	39.5	44.1	34.4	34.9	35.5	34.0	34.4	33.7	31.0	33.0	28.7
貸家	22.4	22.1	24.2	24.7	19.6	20.2	15.0	14.7	14.7	16.4	18.9	17.7	18.4	20.1	19.0	18.0	15.9	13.8	15.5	16.4
給与住宅	0.6	0.6	0.6	0.6	0.7	0.7	0.7	0.5	0.5	0.4	0.4	0.5	0.4	0.4	0.4	0.5	0.4	0.4	0.4	0.4
分譲住宅	31.7	33.5	34.7	35.9	27.1	24.9	15.6	19.9	22.3	23.1	23.9	21.4	21.8	22.7	22.4	23.6	23.1	21.0	22.3	23.2

（資料）「住宅着工統計」（国土交通省）

図表2—8　新設住宅着工床面積の推移（月別）

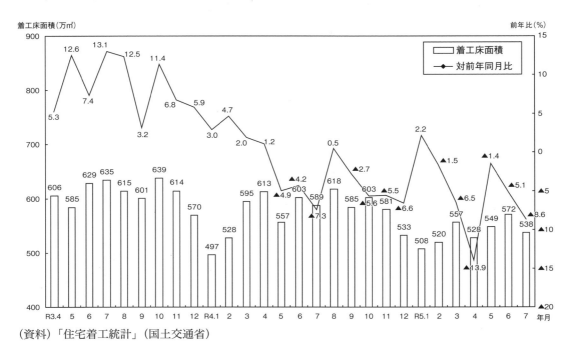

（資料）「住宅着工統計」（国土交通省）

43

図表2-9　着工新設住宅の一戸当たり床面積の推移（総平均、利用関係別）

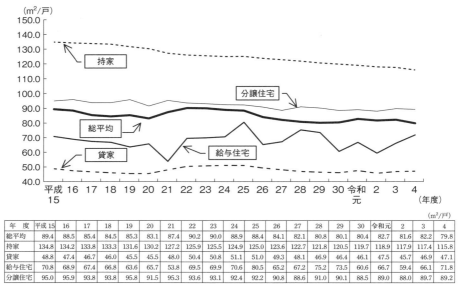

年度	平成15	16	17	18	19	20	21	22	23	24	25	26	27	28	29	30	令和元	2	3	4
総平均	89.4	88.5	85.4	84.5	85.3	83.1	87.4	90.2	90.0	88.9	88.4	84.1	82.1	80.8	80.1	80.4	82.7	81.6	82.2	79.8
持家	134.8	134.2	133.8	133.3	131.6	130.2	127.2	125.9	125.5	124.9	125.0	123.6	122.7	121.8	120.5	119.7	118.9	117.9	117.4	115.8
貸家	48.8	47.4	46.7	46.0	45.5	45.5	48.0	50.4	50.8	51.1	51.0	49.3	48.1	46.9	46.4	46.1	47.5	45.7	46.9	47.1
給与住宅	70.8	68.9	67.4	66.8	63.6	65.7	53.8	69.5	69.9	70.6	80.5	65.2	67.2	75.2	73.5	60.6	66.7	59.4	66.1	71.8
分譲住宅	95.0	95.9	93.8	93.8	95.8	91.5	95.3	93.6	93.1	92.4	92.2	90.8	88.6	91.0	90.1	88.5	89.0	88.0	89.7	89.2

（資料）「住宅着工統計」（国土交通省）

図表2-10　着工新設住宅の一戸当たり床面積の推移（首都圏：総平均、利用関係別）

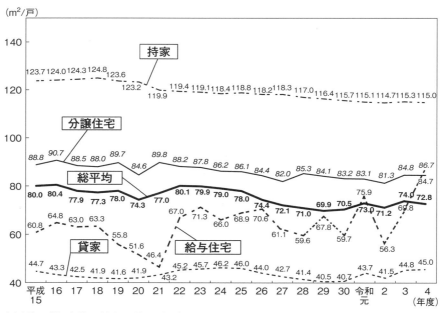

（資料）「住宅着工統計」第18表（国土交通省）

図表２−11　着工新設住宅の一戸当たり床面積の推移（近畿圏：総平均、利用関係別）

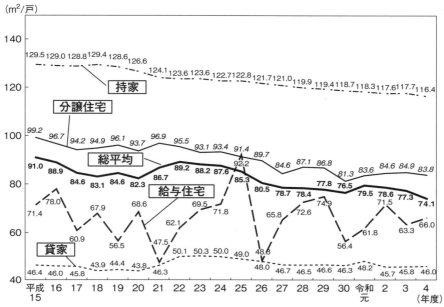

(資料)「住宅着工統計」(国土交通省)

図表２−12　貸家の規模別新設着工戸数（全国）

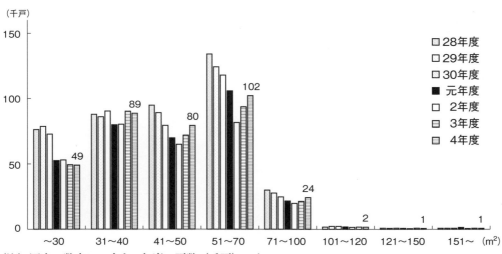

(注) 図中の数字は、令和４年度の戸数（千戸）である。
(資料)　「住宅着工統計」（国土交通省）

図表 2 ― 13　共同分譲住宅の規模別新設着工戸数の推移（全国）

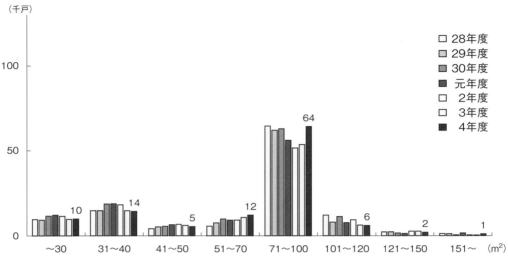

（注）　1．図中の数字は、令和 4 年度の戸数（千戸）である。
　　　　2．「共同分譲住宅」とは、分譲住宅のうち建て方が共同住宅であるものである。
（資料）「住宅着工統計」（国土交通省）

図表 2 ― 14　貸家着工の資金別、戸当り床面積の推移

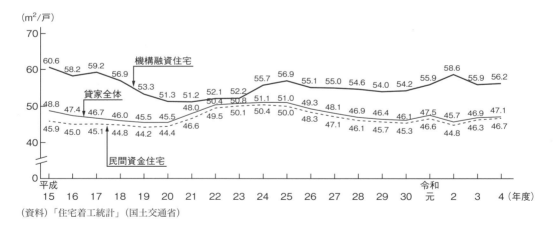

（資料）「住宅着工統計」（国土交通省）

3．マンションの推移

●新設マンション着工戸数は約9.4万戸（令和4年度）

① 我が国の分譲マンションは、昭和40年代後半から大都市を中心に急速に普及し、令和4年末現在で約694.3万戸のストックを形成しているものと推計されており、都市の居住形態として定着している（図表2−15）。

② 住宅着工統計によって近年の新設マンション着工戸数の推移をみると、昭和57年度以降12万戸前後で推移してきたが、62年度以降急増し、平成2年度は前年度比33.1%増の24.8万戸となった。なかでも三大都市圏以外の地域では極めて高い伸びとなっているが、これはライフスタイルの変化を背景として、地方都市におけるマンション建設の増加やリゾートマンション・ブームがあったためと考えられる。

③ 平成3年度以降、バブル崩壊の影響等により11万戸台まで落ち込んだものの、平成6年度以降は平成10年度を除き、おおむね20万戸前後で推移していたが、改正建築基準法施行の影響、景気の悪化により、平成19年度から2年連続で16万戸台となり、平成21年度は6万戸台と、在庫調整局面が継続する中で、分譲マンションの需要動向、資金調達環境等も影響し、新規着工が抑制されていたものとみられる。

④ 平成22年度以降は増加傾向となり、平成25年度は12.4万戸となったものの、平成26年度は消費税率引き上げに伴う駆け込み需要の反動減の影響により、11.0万戸と5年ぶりに減少した。平成27年度は消費税率引き上げに伴う駆け込み需要の反動減からの回復により11.8万戸と増加し、以降、毎年度10〜12万戸程度で推移している。また、地域別の着工数を見ると、首都圏においては、平成10年度から平成30年度まで、マンション着工数全体の5割以上のシェアを占めていたが、令和元年度に49.5%と5割を割り込むと、令和4年度も49.5%となり、ここ数年で首都圏におけるシェアが少しずつ低下する傾向にある（図表2−16）。

⑤ 平成12年度以降は、20階建て以上の超高層マンションの供給戸数が急増したものの、平成19年を境に減少傾向に転じた（図表2−28）。また、耐震性不足等のマンションの再生の円滑化を推進するため、「マンションの管理の適正化の推進に関する法律及びマンションの建替え等の円滑化に関する法律の一部を改正する法律」（令和2年法律第62号）が令和2年6月24日に公布され、令和4年4月1日に全面施行された。令和5年4月1日現在のマンション建て替えの実施実績は282件となり、そのうちマンション建替法による建替えは114件となった（図表2−29）。

図表 2－15 マンションの供給戸数（竣工ベース）

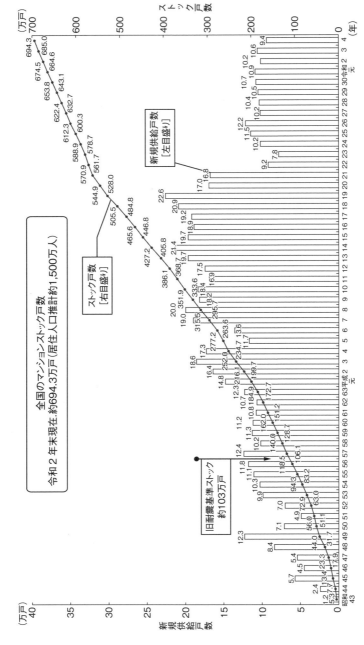

全国のマンションストック戸数
令和2年末現在、約694.3万戸（居住人口推計約1,500万人）

ストック戸数
［右目盛り］

新規供給戸数
［左目盛り］

旧耐震基準ストック
約103万戸

（注）　1.　新規供給戸数は、建築着工統計等を基に推計。

　　　　2.　ストック戸数は、新規供給戸数の累積等を基に、各年末時点の戸数を推計。

　　　　3.　ここでいうマンションとは、中高層（3階建て以上）・分譲・共同建で、鉄筋コンクリート造、鉄骨鉄筋コンクリート造、鉄骨造又は鉄骨造の住宅をいう。

　　　　4.　昭和43年以前の分譲マンションの戸数は、国土交通省が把握している公団・分譲・公社住宅の戸数を基に推計した戸数。

(参考)

分譲住宅購入者の比較

		一戸建て購入者		集合住宅購入者	
世帯主年齢		39.5 歳		44.8 歳	
世帯年収		750 万円		960 万円	
分譲住宅購入額		4,214 万円		5,279 万円	
床面積		108.1 m²		73.5m ²	
敷地面積		144.6 m²		―	

		平均額（万円）	(%)	平均額（万円）	(%)
資金調達方法	自己資金の合計	1,160	27.5	2,259	42.8
	預貯金等	579	13.7	1,491	28.3
	不動産売却	283	6.7	370	7.0
	贈与	108	2.6	125	2.4
	遺産相続	135	3.2	250	4.7
	その他	56	1.3	22	0.4
	借入金の合計	3,054	72.5	3,020	57.2
	住宅金融支援機構提携ローン	1,450	34.4	1,297	24.6
	民間金融機関	1,554	36.9	1,660	31.4
	住宅金融支援機構	25	0.6	24	0.5
	その他公的機関	0	0.0	2	0.0
	勤務先	13	0.3	22	0.4
	親族・知人	11	0.3	11	0.2
	その他	0	0.0	4	0.1
	住宅購入資金総額	4,214	100.0	5,279	100.0

		戸数(%)	床面積(m²)	敷地面積(m²)	戸数(%)	床面積(m²)	敷地面積(m²)
直前の住宅	直前の住宅の状況						
	一戸建て	24.8	136.7	194.8	17.3	127.1	230.8
	集合住宅	75.2	60.9	―	82.7	61.5	―
	直前の住宅の種類	(%)			(%)		
	持家	20.0			27.1		
	社宅、寮、公務員住宅など	8.9			11.1		
	公営住宅、公団、公社賃貸住宅	4.6			4.2		
	民間賃貸住宅	57.4			47.2		
	親族の住宅	7.2			9.0		
	その他	0.3			0.3		

（資料）「令和４年度住宅市場動向調査」（国土交通省）
（注）　三大都市圏（首都圏、中部圏、近畿圏）における調査結果
　　　　分譲住宅アンケート回収数593件中、一戸建て305件、集合住宅288件について集計。

図表2-16 新設マンション地域別着工戸数の推移

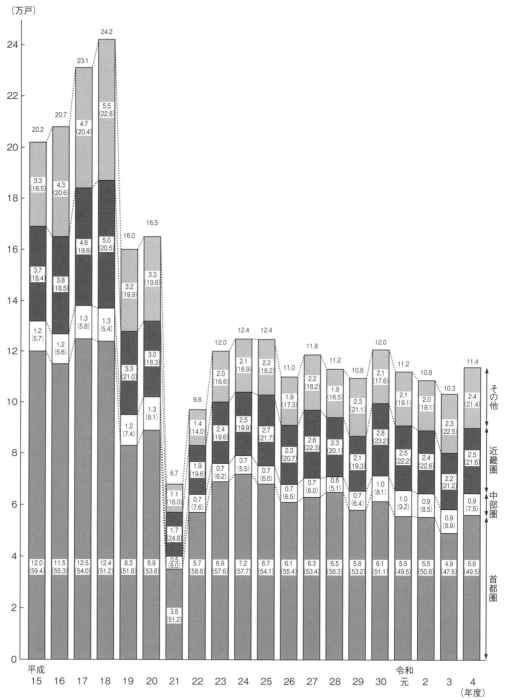

（注）1．マンションとは、鉄骨鉄筋コンクリート造、鉄筋コンクリート造又は鉄骨造の分譲共同住宅をいう。
（資料）「住宅着工統計」（国土交通省）

図表2－17　新設マンション着工戸数の割合の推移

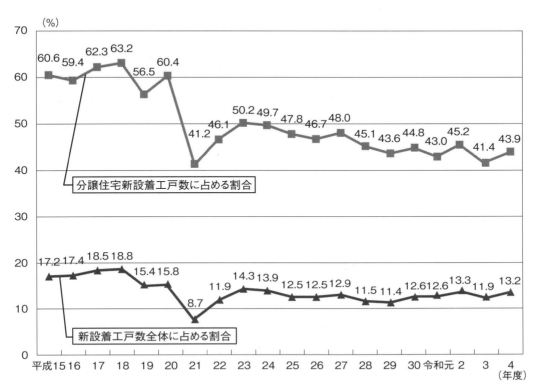

（注）マンションとは、鉄骨鉄筋コンクリート造、鉄筋コンクリート造又は鉄骨造の分譲共同住宅をいう。
（資料）「住宅着工統計」（国土交通省）

図表2－18　所有関係別の共同建て非木造住宅数の推移（居住世帯のある住宅）

（単位：千戸、％）

| 調査年 | 総　数 | 持　家 | 借　家 | | | | 共同非木造化率（％） |
			公　営	都市再生機構・公社	民　営	給与住宅	
平成 5 年	10,916	1,927	1,463	831	4,895	1,423	23.8
10 年	13,359	2,657	1,615	857	6,473	1,326	26.6
15 年	15,703	3,755	1,801	930	7,473	1,214	29.1
20 年	17,940	4,554	1,779	916	8,768	1,140	31.2
25 年	19,324	5,347	1,685	854	9,946	919	37.1
30 年	20,428	5,568	1,674	747	10,890	886	38.1

（資料）「住宅・土地統計調査」（総務省）

図表 2 ― 19　所有関係別建築時期別の共同建て非木造住宅数

（居住世帯のある専用住宅）

（単位：千戸）

建築時期	総　　数	専用住宅	持　　家	借　　家			
				公　営	都市再生機構・公社	民　営	給与住宅
総　　　　数	20,428	20,416	5,560	1,673	747	10,887	885
〜昭和 45 年	637	636	109	163	175	163	26
昭和 46〜昭和 55 年	2,281	2,279	724	498	273	693	92
昭和 56〜平成 2 年	3,664	3,661	1,013	363	90	2,061	134
平成 3〜平成 7 年	2,257	2,255	601	164	39	1,332	119
平成 8〜平成 12 年	2,486	2,485	835	172	61	1,297	121
平成 13〜平成 17 年	2,273	2,271	827	117	60	1,179	89
平成 18〜平成 22 年	2,377	2,376	716	84	30	1,419	126
平成 23〜平成 27 年	1,898	1,897	504	77	14	1,199	103
平成 28〜30 年 9 月	890	890	177	29	5	625	54

（注）　専用住宅とは居住の目的だけに建てられた住宅で、店舗、作業所、事務所など業務に使用するために設備された部分がない住宅。

（資料）「平成 30 年住宅・土地統計調査」（総務省）

図表 2 ― 20　首都圏マンション新規販売戸数

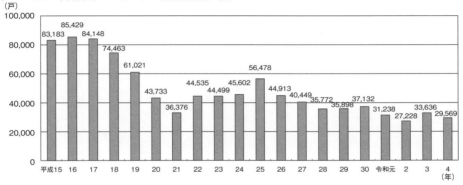

（資料）不動産経済研究所調べ

図表 2 ― 21　首都圏マンション年末在庫数

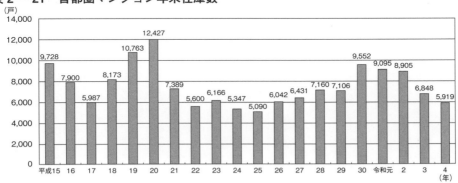

（資料）不動産経済研究所調べ

図表 2 ― 22　首都圏マンション平均価格

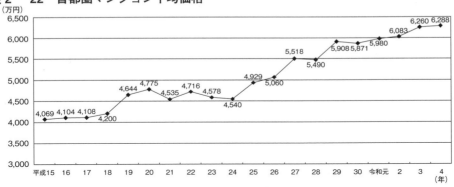

（資料）不動産経済研究所調べ

図表 2 ― 23　首都圏マンション販売初月契約率

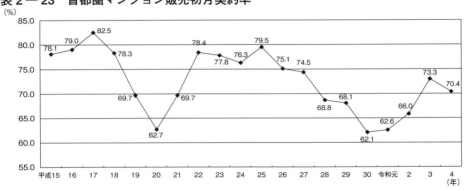

（資料）不動産経済研究所調べ

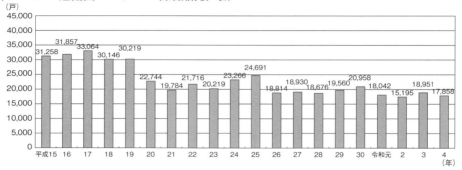

図表2－24　近畿圏マンション新規販売戸数

（資料）不動産経済研究所調べ

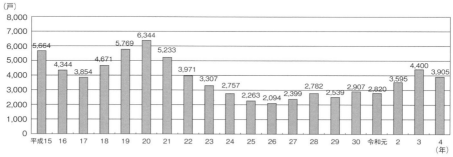

図表2－25　近畿圏マンション年末在庫数

（資料）不動産経済研究所調べ

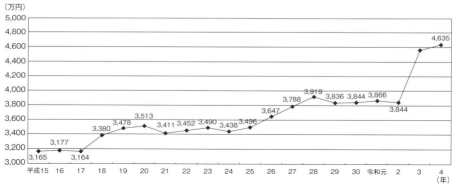

図表2－26　近畿圏マンション平均価格

（資料）不動産経済研究所調べ

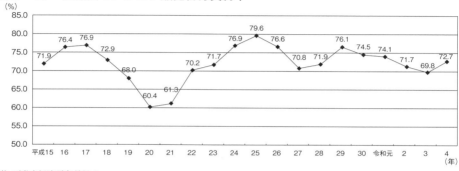

図表2－27　近畿圏マンション販売初月契約率

（資料）不動産経済研究所調べ

図表2－28　超高層マンション竣工戸数の推移（首都圏）

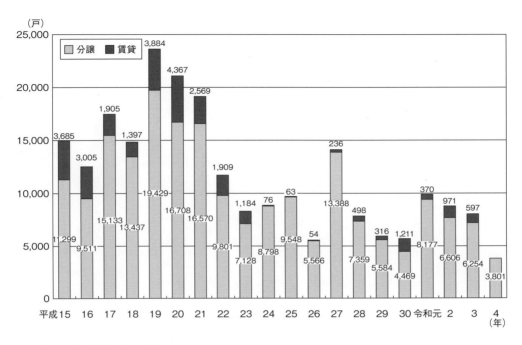

（資料）不動産経済研究所調べ
　　　　超高層マンション：20階建て以上

図表２－29　マンション建替えの実施状況

○マンションの建替えの実績は累計で282件、約23,000戸（2023年３月時点）。近年は、マンション建替円滑化法による建替えが選択されているケースが多い。
○マンション建替円滑化法にもとづくマンション敷地売却の実績は累計で10件、約600戸（2023年３月時点）。

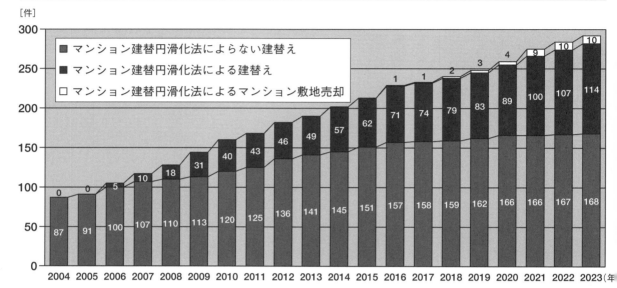

※　国土交通省による、地方公共団体等向けの調査をもとに国土交通省が集計
※　マンション建替円滑化法による建替え：建替え後のマンションの竣工
　　マンション建替円滑化法によらない建替え：建替え後のマンションの竣工
　　マンション建替円滑化法による敷地売却：マンション及び敷地の売却
※　2004年、2005年は２月末時点、2006年、2007年は３月末時点、他は各年の４月１日時点の件数を集計
※　阪神・淡路大震災、東日本大震災及び熊本地震による被災マンションの建替え（計115件）は含まない

４．木造住宅建設戸数の推移

●木造住宅のシェアは令和４年度で約 55%

① 　新設住宅着工戸数全体に占める木造住宅の新設着工戸数の割合は、昭和 45 年度には 67.4% と、３分の２を超えていたが、50 年代に入ってから木造住宅の新設着工戸数が減少傾向で推移したことから、55 年度には 58.6% と初めて 60% を割り込み、59 年度には 50% を切って 49.7% となった。その後、木造住宅の新設着工戸数自体は回復を示したものの、非木造住宅の伸びがこれを上回ったために、木造住宅の割合は低下を続け、63 年度には 41.6% にまで低下した。平成元年以降、45% 前後で推移していたが、非木造住宅の落ち込みにより平成 21 年度は 56.3% まで上昇した。その後、横ばいで推移し、令和４年度は 55.0% となった（図表２－30）。

② 　用材需要量の推移をみると、昭和 30 年代は約 4,000 万 m^3 〜6,000 万 m^3 であったものが、徐々に増加し、45 年には１億 m^3 を突破した。それ以降は約 8,000 万 m^3 〜１億 m^3 の水準で推移していたが、平成 21 年は、6,321 万 m^3 と大幅に減少した。平成 22 年以降は 7,000 万 m^3 台に持ち直しが続いていたが、令和４年は 6,749 万 m^3 と３年連続で 7,000 万 m^3 を下回る結果となった。（図表２－31）。

　このような木材需要のうちのかなりの部分は、住宅建築の他に、家具・建具用材までを含めた住宅関連の用途に使用されており、木造住宅の振興は、木材需要の拡大にも極めて大きな役割を果たしている（図表２－32）。

図表 2 — 30　木造住宅の新設着工戸数の推移

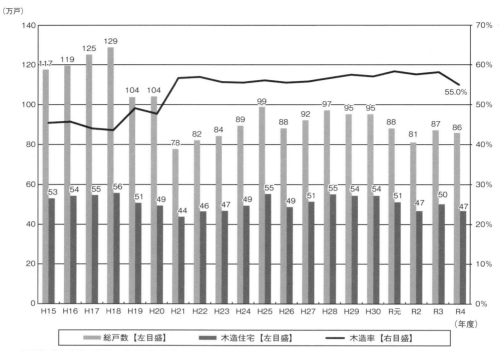

(資料)「住宅着工統計」(国土交通省)

図表2－31　用材需要量の推移

（単位：千m³）

年次	需			要	
	総数	製材用	パルプ・チップ用	合板用	その他
平成14年	88,127（▲ 3.4）	34,856（▲ 6.0）	37,607（▲ 2.8）	13,226（　　1.2）	2,438（　　2.5）
15	87,191（▲ 1.1）	34,766（▲ 0.3）	36,979（▲ 1.7）	12,810（▲ 3.1）	2,636（　　8.1）
16	89,799（　　3.0）	35,041（　　0.8）	37,981（　　2.7）	13,976（　　9.1）	2,802（　　6.3）
17	85,857（▲ 4.4）	32,901（▲ 6.1）	37,608（▲ 1.0）	12,586（▲ 9.9）	2,763（▲ 1.4）
18	86,791（　　1.1）	33,032（　　0.4）	36,907（▲ 1.9）	13,720（　　9.0）	3,131（　13.3）
19	82,361（▲ 5.1）	30,455（▲ 7.8）	37,124（　　0.6）	11,260（▲17.9）	3,522（　12.5）
20	77,965（▲ 5.3）	27,152（▲10.8）	37,856（　　2.0）	10,269（▲ 8.8）	2,688（▲23.7）
21	63,210（▲18.9）	23,513（▲13.4）	29,006（▲23.4）	8,163（▲20.5）	2,528（▲ 6.0）
22	70,253（　11.1）	25,379（　　7.9）	32,350（　11.5）	9,556（　17.1）	2,968（　17.4）
23	72,725（　　3.5）	26,634（　　4.9）	32,064（▲ 0.9）	10,563（　10.5）	3,464（　16.7）
24	70,633（▲ 2.9）	26,053（▲ 2.2）	31,010（▲ 3.3）	10,294（▲ 2.5）	3,275（▲ 5.5）
25	73,867（　　4.6）	28,592（　　9.7）	30,353（▲ 2.1）	11,232（　　9.1）	3,690（　12.7）
26	72,547（▲ 1.8）	26,139（▲ 8.6）	31,433（　　3.6）	11,144（▲ 0.8）	3,830（　　3.8）
27	70,883（▲ 2.3）	25,358（▲ 3.0）	31,783（　　1.1）	9,914（▲11.0）	3,829（▲ 0.0）
28	71,942（　　1.5）	26,150（　　3.1）	31,619（▲ 0.5）	10,248（　　3.4）	3,925（　　2.5）
29	73,742（　　2.5）	26,370（　　0.8）	32,302（　　2.2）	10,667（　　4.1）	4,403（　12.2）
30	73,184（▲ 0.8）	25,708（▲ 2.5）	32,009（▲ 0.9）	11,003（　　3.1）	4,465（　　1.4）
令和元年	71,269（▲ 2.6）	25,270（▲ 1.7）	31,061（▲ 3.0）	10,474（▲ 4.8）	4,464（▲ 0.0）
2	61,392（▲13.9）	24,597（▲ 2.7）	26,064（▲16.1）	8,919（▲14.8）	1,812（▲59.4）
3	67,142（　　9.4）	26,179（　　6.4）	28,743（　10.3）	10,294（　15.4）	1,926（　　6.3）
4	67,494（　　0.5）	26,263（　　0.3）	29,547（　　2.8）	9,820（▲ 4.6）	1,865（▲ 3.2）

（資料）「木材需給表」（林野庁）
（注）1．本表には、薪炭材及びしいたけ原木は含まない。
　　　2．製材品、パルプ、合板その他の丸太以外のものは、すべて丸太材積に換算している。
　　　3．（　）内は、対前年比（％）である。

図表2―32 用途別製材品出荷量の推移

(単位：千m³)

年次	計	建築用材	土木建設用材	木箱仕組板こん包用材	家具・建具用材	その他用材
平成15年	13,929	11,326	528	1,489	213	373
16	13,603	11,023	520	1,571	196	293
17	12,825	10,507	479	1,400	150	289
18	12,554	10,207	515	1,391	117	324
19	11,632	9,455	468	1,321	94	294
20	10,884	8,836	418	1,254	78	298
21	9,291	7,671	357	987	72	204
22	9,415	7,642	380	1,087	69	237
23	9,434	7,434	436	1,224	80	260
24	9,302	7,484	424	1,110	60	224
25	10,100	8,265	476	1,084	57	218
26	9,569	7,849	409	1,033	56	222
27	9,231	7,481	410	1,048	63	227
28	9,293	7,623	376	1,019	51	221
29	9,457	7,766	371	1,067	61	193
30	9,202	7,468	376	1,125	61	172
令和元	9,032	7,269	445	1,122	56	140
2	8,203	6,646	398	973	63	126
3	9,091	7,277	406	1,146	84	178
4	8,600	6,961	375	1,030	50	184

（資料）「木材需給報告書」（農林水産省）、平成17年以降「木材統計調査」（農林水産省）
（注）工場出荷時における用途別出荷量である。

5．プレハブ・2×4住宅の推移

<ruby>2×4<rt>ツーバイフォー</rt></ruby>

● 2×4住宅の着工戸数は9.2万戸（令和4年度）

①　プレハブ住宅の新設着工戸数は、平成8年度の約25万戸をピークに平成9年度以降は減少傾向で推移しているが、新設住宅着工総戸数に占めるプレハブ住宅着工戸数の割合（プレハブ率）は、13％から16％の水準で推移している。また、構造別にみると、プレハブ全体の約8～9割が鉄骨造となっている（図表2－33）。

②　ツーバイフォー住宅の新設着工戸数は、昭和63年度に住宅着工統計の一項目として統計をとり始めてから概ね順調に増加し、平成8年度には9万戸台に達した。その後、住宅着工全体の落ち込みから平成10年度にかけて落ち込んだが、平成14年度以降は増加に転じ、平成18年度は10.6万戸となった。その後、住宅着工全体に落ち込みがみられ、平成21年度以降は9万戸台で推移した。平成24年度以降には持ち直しがみられ、平成25年度は12.1万戸となった。平成26年度は、消費税率引き上げに伴う駆け込み需要の反動減の影響により、減少したが、平成27年度は、駆け込み需要の反動減からの回復等により、11.5万戸となり、平成28年度は、相続税対策や低金利の影響により貸家が増加し、12.4万戸となった。平成29年度に貸家が減少に転じて以降、減少傾向が続いたが、令和3年度は大きく落ち込んだ前年度からは回復し、5年ぶりの増加となった。なお、令和4年度は前年度とほぼ同水準であったものの2年ぶりの減少となった。（図表2－34）。

図表2－33　プレハブ住宅の新設着工戸数の推移

（単位：万戸）

年度	平成25	26	27	28	29	30	令和元	2	3	4
新設住宅着工総戸数（A）	98.7 (10.6)	88.0 (▲10.8)	92.1 (4.6)	97.4 (5.8)	94.6 (▲2.8)	95.3 (0.7)	88.4 (▲7.3)	81.2 (▲8.1)	86.6 (6.6)	86.1 (▲0.6)
プレハブ新設住宅着工戸数（B）	15.0 (11.7)	14.0 (▲6.4)	14.3 (2.1)	14.8 (3.1)	13.6 (▲7.7)	13.1 (▲3.9)	12.5 (▲4.8)	10.8 (▲13.6)	11.4 (6.1)	11.2 (▲2.0)
木造	1.7 (10.3)	1.5 (▲12.6)	1.4 (▲4.5)	1.4 (▲2.5)	1.3 (▲5.0)	1.2 (▲5.3)	1.2 (▲4.2)	1.1 (▲10.9)	1.0 (▲1.7)	1.0 (0.6)
鉄骨造	13.0 (12.1)	12.2 (▲6.3)	12.5 (2.6)	13.0 (4.2)	12.1 (▲6.9)	11.7 (▲3.9)	10.8 (▲7.0)	9.5 (▲12.6)	10.2 (7.7)	9.9 (▲2.8)
鉄筋コンクリート造	0.3 (2.4)	0.4 (26.5)	0.4 (12.4)	0.4 (▲10.4)	0.2 (▲45.3)	0.2 (1.8)	0.4 (113.5)	0.2 (▲44.5)	0.2 (▲22.3)	0.2 (25.6)
プレハブ率 (B)/(A)	15.2%	15.9%	15.6%	15.2%	14.4%	13.7%	14.1%	13.3%	13.2%	13.0%

（注）（　）内は前年度比（％）
（資料）「住宅着工統計」（国土交通省）

図表 2 ― 34　ツーバイフォー新設住宅着工戸数の推移

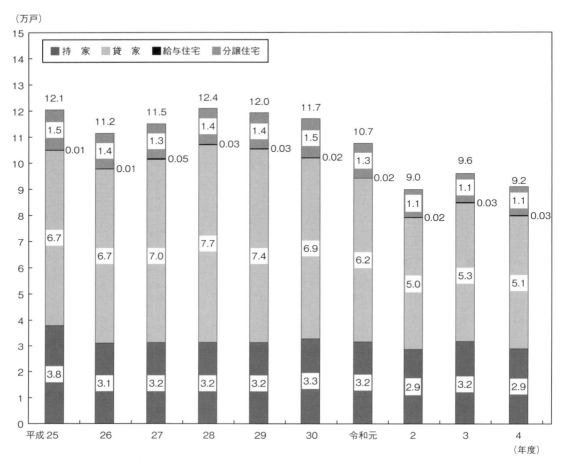

（資料）「住宅着工統計」（国土交通省）

6. 建替需要の動向

① 住宅は、老朽化して危険であること、世帯人員に比べて狭小であること、設備が劣悪であること等の物理的理由や、道路の拡幅工事、区画整理等の社会的要請により除去され、また、火災、風水災、震災等により失われることがある。国土交通省では、「建築物滅失統計調査」等により住宅を含む建築物の除却・被災状況を把握している（図表2－35）。

② 人口・世帯減少社会の到来により、今後の住宅需要の拡大が望めない中で、老朽化した既存住宅の建替えは、第2次ベビーブーマーを中心とした一次取得とともに

図表2－35　住宅の滅失戸数の推移

(単位：万戸)

年度	滅失戸数 A+B	除却戸数 A			除却戸数 (再建築に係るもの)	災害による滅失戸数 B			
		計	老朽化	その他		計	火災	風水災	震災その他
平成15	16.0	15.4	5.0	10.4	12.0	0.7	0.5	0.0	0.1
16	17.4	14.4	4.7	9.7	10.8	3.0	0.5	0.6	1.9
17	15.1	14.3	4.5	9.8	10.5	0.7	0.5	0.2	0.0
18	14.4	13.9	4.6	9.3	10.1	0.5	0.5	0.0	0.0
19	13.1	12.3	4.1	8.2	8.4	0.8	0.5	0.0	0.4
20	12.7	12.2	4.1	8.1	8.2	0.4	0.4	0.0	0.0
21	11.2	10.7	3.6	7.1	7.0	0.5	0.4	0.0	0.0
22	13.7	11.1	3.6	7.5	7.2	2.6	0.4	0.0	2.2
23	11.5	11.0	3.7	7.3	7.3	0.4	0.4	0.1	0.0
24	12.5	12.1	4.0	8.1	7.3	0.4	0.3	0.0	0.0
25	12.7	12.3	4.3	7.9	7.9	0.3	0.3	0.0	0.0
26	10.9	10.5	3.8	6.7	5.9	0.3	0.3	0.0	0.0
27	11.1	10.8	3.7	7.1	5.5	0.4	0.3	0.1	0.0
28	15.7	11.3	4.1	7.2	5.6	4.4	0.3	0.0	4.1
29	11.3	11.1	3.8	7.3	5.0	0.2	0.2	0.0	0.0
30	11.2	10.8	4.1	6.7	5.3	0.4	0.3	0.1	0.0
令和元	10.6	10.4	4.0	6.4	4.6	0.2	0.2	0.0	0.0
2	10.5	9.7	4.0	5.7	3.5	0.9	0.3	0.6	0.0
3	11.0	10.7	4.3	6.4	3.6	0.3	0.2	0.0	0.0
4	10.6	10.4	4.1	6.2	3.5	0.2	0.2	0.0	0.0

(注) 1.「再建築」とは、既存の住宅を除却し、引き続き、当該敷地内において住宅を建築することである。
　　 2.「老朽化」とは、「老朽して危険があるため」を除却原因とするものである。
(資料)「建築物滅失統計調査」及び「住宅着工統計における再建築状況について」（いずれも国土交通省）

新築需要の一つとなっている。図表2−36で示すとおり、築後経過年数は着実に伸びており、また、現在の住宅ストックのうち4割以上が築24年を越える住宅となっている。

③　建替えのうち、既存の住宅を除却し、引き続き、当該敷地内において住宅を建築するもの（再建築）については、国土交通省から、再建築により建設される住宅の戸数（再建築戸数。建替戸数のほか、再建築による住宅の増加戸数を含む）、新設住宅着工戸数に占める再建築戸数の割合（再建築率）等が公表されている。これによると、再建築率は平成9年度以降減少傾向が続いており、令和4年度は総戸数で5.6％、うち持家で7.6％となっている（図表2−37）。また、地域別では、所有地を高度利用する必要が高い首都圏において、再建築率及び再建築倍率（再建築戸数の除却戸数（再建築に係るもの）に対する比率）がともに高くなっている（図表2−38）。

図表2−36　築後経過年数別ストック構成の推移

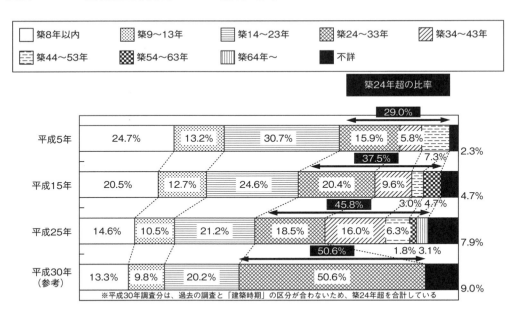

（資料）住宅・土地統計調査（総務省）

図表2－37　再建築戸数時系列表

	総		計			う	ち	持	家	
	新設住宅着工戸数	対前年度比	再建築戸　数	対前年度比	再建築率	新設住宅着工戸数	対前年度比	再建築戸　数	対前年度比	再建築率
平成15年度	1,173,649	2.5	164,345	△ 4.2	14.0	373,015	2.1	84,527	△ 6.2	22.7
16	1,193,038	1.7	152,578	△ 7.2	12.8	367,233	△ 1.6	78,942	△ 6.6	21.5
17	1,249,366	4.7	147,207	△ 3.5	11.8	352,577	△ 4.0	74,535	△ 5.6	21.1
18	1,285,246	2.9	141,957	△ 3.6	11.0	355,700	0.9	72,428	△ 2.8	20.4
19	1,035,598	△19.4	111,839	△21.2	10.8	311,800	△12.3	60,117	△17.0	19.3
20	1,039,214	0.3	111,734	△ 0.1	10.8	310,670	△ 0.4	57,191	△ 4.9	18.4
21	775,277	△25.4	89,753	△19.7	11.6	286,993	△ 7.6	46,458	△18.8	16.2
22	819,020	5.6	91,353	1.8	11.2	308,517	7.5	47,592	2.4	15.4
23	841,246	2.7	94,524	3.5	11.2	304,822	△ 1.2	48,369	1.6	15.9
24	893,002	6.2	94,668	0.2	10.6	316,532	3.8	47,707	△ 1.4	15.1
25	987,254	10.6	103,406	9.2	10.5	352,841	11.5	53,539	12.2	15.2
26	880,470	△10.8	79,701	△22.9	9.1	278,221	△21.1	37,088	△30.7	13.3
27	920,537	4.6	77,702	△ 2.5	8.4	284,441	2.2	33,771	△ 8.9	11.9
28	974,137	5.8	77,134	△ 0.7	7.9	291,783	2.6	33,470	△ 0.9	11.5
29	946,396	△ 2.8	69,594	△ 9.8	7.4	282,111	△ 3.3	29,537	△11.8	10.5
30	952,936	0.7	72,008	3.5	7.6	287,710	2.0	30,504	3.3	10.6
令和元	883,687	△ 7.3	62,414	△13.3	7.1	283,338	1.5	27,030	△11.4	9.5
2	812,164	△ 8.1	47,152	△24.5	5.8	263,097	△ 7.1	20,206	△25.2	7.7
3	865,909	6.6	49,072	4.1	5.7	281,279	6.9	21,008	4.0	7.5
4	860,828	△ 0.6	48,346	△ 1.5	5.6	248,132	△11.8	18,910	△10.0	7.6

※ここにいう「再建築戸数」とは、同一の者が住宅の除却と着工を同時に行うことをいう。
　（異なる者が除却と着工を行う場合、除却から時間をおいて着工する場合は除かれる。）
(資料)「住宅着工統計における再建築状況について」(国土交通省)

図表2－38　地域別再建築率・再建築倍率（令和4年度）

地　域	再建築戸数 A　（戸）	新設住宅着工戸数 B　（戸）	再建築率 A/B　（％）	除却戸数 C　（戸）	再建築倍率 A/C
全国	48,346	860,828	5.6%	34,532	1.40
3大都市圏	35,475	542,384	6.5%	23,843	1.49
首都圏	24,969	302,403	8.3%	15,040	1.66
中部圏	4,937	97,736	5.1%	4,213	1.17
近畿圏	5,569	142,245	3.9%	4,590	1.21
その他地域	12,781	318,444	4.0%	10,689	1.20

※本図表では、建築主からの届出に基づき、同一の者が同時に住宅の除却と着工を行うものが集計されており、除却と着工を行う
　者が異なるもの、除却から時間差をおいて着工するもの等は集計されておらず、建替え一般の数字とは異なる。

(資料)「住宅着工統計における再建築状況について（令和4年度）」(国土交通省)

(注) 首都圏：埼玉県、千葉県、東京都、神奈川県
　　　中部圏：岐阜県、静岡県、愛知県、三重県
　　　近畿圏：滋賀県、京都府、大阪府、兵庫県、奈良県、和歌山県

7．増改築・リフォーム

●住宅リフォームの市場規模は 6.50 兆円（令和 3 年）

①　住宅の量的充足が確保されつつある現在、居住水準の向上を図るためには、新た
に住宅を建設するのみならず、既存住宅ストックの有効活用を図ることが重要であ
ると指摘されており、既存住宅の活用方策の一環として、増改築や模様替え等のリ
フォームが注目されている。

②　公益財団法人住宅リフォーム・紛争処理支援センターで推計した「住宅リフォー
ム市場規模（増築・改築工事費及び説備等の修理維持費の合計）」は、令和 3 年で
6.50 兆円である。なお、住宅リフォームを広義に捉えた「広義のリフォーム市場規
模」は 7.64 兆円である。

　　注 1　「広義リフォーム市場規模」とは住宅着工統計上「新設住宅」に計上される
増築・改築工事と、エアコンや家具等のリフォームに関連する耐久消費財、インテ
リア商品等の購入費を含めた金額を言う。

　　注 2　推計した市場規模には、分譲マンションの大規模修繕等、共用部分のリ
フォーム、賃貸住宅所有者による賃貸住宅のリフォーム、外構等のエクステリア工
事は含まれない。

図表 2 ― 39　住宅リフォームの市場規模

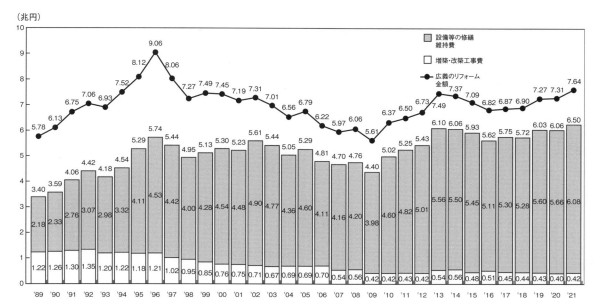

注）①「広義のリフォーム市場規模」とは、住宅着工統計上「新設住宅」に計上される増築・改築工事と、エアコンや家具等のリフォームに関連する耐久消費財、インテリア商品等の購入費を含めた金額を言う。
　　②推計した市場規模には、分譲マンションの大規模修繕等、共用部分のリフォーム、賃貸住宅所有者による賃貸住宅のリフォーム、外構等のエクステリア工事は含まれていない。
　　③本市場規模は、「建築着工統計年報」（国土交通省）、「家計調査年報」（総務省）、「全国人口・世帯数・人口動　態表」（総務省）等により、公益財団法人 住宅リフォーム・紛争処理支援センターが推計したものである。

図表 2 ― 40　リフォームの種類

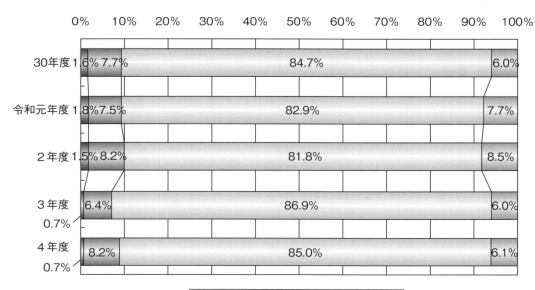

（資料）「住宅市場動向調査」（国土交通省）

図表 2 − 41 　リフォームの内容

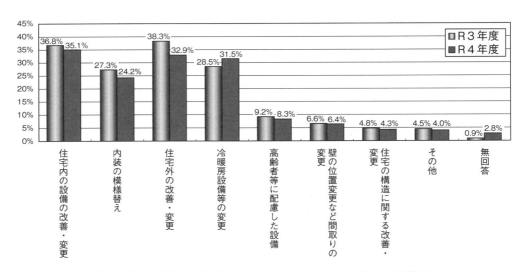

(資料)「住宅市場動向調査」(国土交通省)において、リフォーム実施者の複数回答
　　　令和3年度：N＝579、令和4年度：N＝575

図表 2 − 42 　リフォームの動機

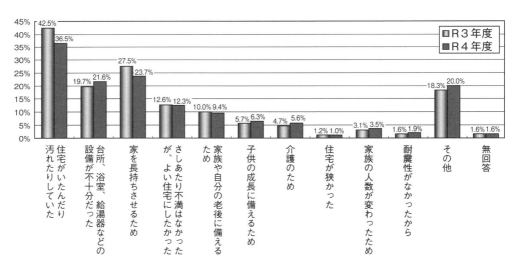

(資料)「住宅市場動向調査」(国土交通省)において、リフォーム実施者の複数回答
　　　令和3年度：N＝579、令和4年度：N＝575

●マンションの共用部分リフォーム

①　近年、年間10万戸前後のマンションが新規供給されており、マンションストック
戸数の推計は令和4年末現在で約694.3万戸と増加している（図表2−15）。

　　また、令和4年末現在築40年超の物件が約125.7万戸（推計）であるが、10年後
には約2.1倍の約260.8万戸に達するため、今後マンションの建替えや大規模修繕の
増加が見込まれる（図表2−43）。

②　令和4年度の調査によるとマンション共用部分の修繕や工事の実施内容として
は、劣化や壊れた部位の更新・修繕が95.3％と大半を占め、次いで防災・防犯・安
全性向上が1.5％となっている（図表2−44）。

③　将来の修繕や補修に向けて、修繕計画を踏まえ、新築段階から計画的に修繕資金
を確保するなどの準備が肝要である。マンション修繕資金の積立方法については、
管理組合は修繕積立資金の安全性を第一に考えており、マンション修繕積立債券

図表2−43　築後40年超の分譲マンション戸数

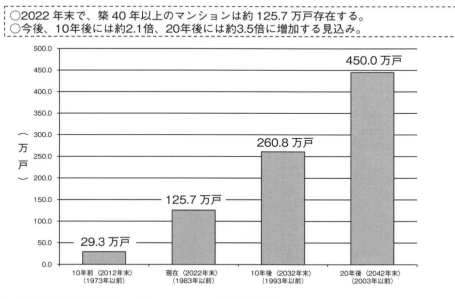

○2022年末で、築40年以上のマンションは約125.7万戸存在する。
○今後、10年後には約2.1倍、20年後には約3.5倍に増加する見込み。

※（）括弧内は築40年以上となるマンションの築年を示す。
※建築着工統計等を基に推計した分譲マンションストック戸数及び国土交通省が把握
　している除却戸数を基に推計。

（マンションすまい・る債）が発行開始した平成12年度以降の応募口数は累計で約124万となった（図表2−45）。

図表2−44　マンションの共用部分の工事目的別工事実施率

工事目的	令和2年度		3年度		4年度	
	件数	比率	件数	比率	件数	比率
劣化や壊れた部位の更新・修繕	680,801	96.0%	665,651	96.1%	694,315	95.3%
増床	804	0.1%	53	0.0%	60	0.0%
省エネルギー対策	5,375	0.8%	4,689	0.7%	5,178	0.7%
高齢者・身体障害者対応	1,301	0.2%	4,282	0.6%	561	0.1%
防災・防犯・安全性向上	10,774	1.5%	7,819	1.1%	11,171	1.5%
用途変更	27	0.0%	0	0.0%	0	0.0%
耐震性向上	489	0.1%	981	0.1%	270	0.0%
その他	9,838	1.4%	9,096	1.3%	17,053	2.3%
不明	0	0.0%	0	0.0%	0	0.0%
合計	709,408	100.0%	692,571	100.0%	728,608	100.0%

（資料）建築物リフォーム・リニューアル調査（国土交通省）

図表2−45　マンション修繕積立債券（マンションすまい・る債）の応募状況

（組合数）　　　　　　　　　　　　　　　　　　　　　　　　　　　（口数）

応募管理組合累計（左目盛り）
応募口数累計（右目盛り）

38,747
36,906
35,202
33,681　1,235,844
31,916　1,130,600
30,063　1,043,916
28,236　948,938
26,250　854,324
24,168　769,970
22,561　685,625
21,050　591,313
19,312　533,788
17,481　487,663
15,932　439,012
14,770　362,771
13,586　338,236
12,257　313,969
10,755　287,534
8,170　254,679
6,201　164,827
76,770

1,350,689

平成15　16　17　18　19　20　21　22　23　24　25　26　27　28　29　30　令和2　3　4　（年度）

第　3　章

建築費及び地価の現状

1．住宅建設に関するコストの概況

①　図表3－1は、首都圏マンション価格、住宅地価格、住宅建設工事費、消費者物価指数の動きを昭和50年を100として指数化したものである。55年以降物価は安定しており、また住宅建設工事費も合理化等により安定している。しかし、住宅地価格及びマンション価格は、61年以降急激に上昇し、平成2年以降下落するといった価格変動が見られる。

　　これらのことより、住宅価格の変動を招いている最大の要因として、地価の変動があげられ、住宅価格の安定のためには地価対策が不可欠であることがわかる。

②　また、昭和61年から平成2年にかけては、住宅地価格の上昇ペースが消費者物価の上昇ペースを大きく上回っていたことから、土地所有者にとっては土地を保有し続けることが資産対策上有利であり、住宅取得計画世帯にとっては早く取得した方が有利であるという、いわゆる売り惜しみ、買い急ぎが生じる要因となっていたことがわかる。62年以降のいわゆるバブル経済の過剰流動性の中で、住宅価格と年収、資金調達可能額とが乖離しながら、なお、持家系住宅建設が堅調であったのも、こうした買い急ぎが要因の一つであったと考えることができる。

③　こうした地価高騰に伴う住宅価格の上昇は、平成2年をピークにして以後は連動して下落した。その後、住宅地価格は下落を続け、平成16年にはバブル前の水準にまで戻ったが、マンション価格は平成7年以降、ほぼ横ばいで推移し、平成18年以降再び上昇傾向となっている。

図表3－1　首都圏のマンション価格、住宅地価格、住宅建設工事費、消費者物価指数の累積変動率の推移（指数、昭和50年＝100）

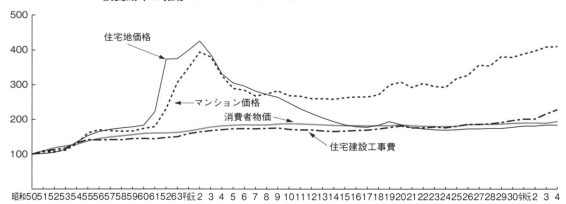

年	マンション価格	住宅地価格	住宅建設工事費	消費者物価指数
昭和50	100.0	100.0	100.0	100.0
51	106.5	101.7	109.4	109.5
52	107.6	105.3	113.0	118.4
53	111.8	114.5	117.9	123.9
54	130.2	135.5	133.1	128.4
55	161.9	154.6	142.9	138.3
56	171.0	166.0	141.5	145.1
57	168.5	172.8	142.7	149.4
58	167.1	176.6	142.5	152.5
59	167.5	179.6	145.5	155.9
60	175.4	185.0	145.9	159.3
61	180.3	224.8	145.1	160.4
62	233.9	379.0	148.9	160.8
63	310.7	380.5	150.8	162.1
平成元	353.7	405.6	159.8	166.3
2	400.2	432.4	165.0	171.8
3	385.6	393.1	169.0	177.5
4	331.1	335.7	171.4	180.9
5	293.3	309.5	174.2	183.0
6	288.2	300.5	174.6	184.1
7	271.1	285.5	174.2	183.7
8	277.0	275.8	175.4	183.7
9	285.9	267.5	176.3	186.4
10	272.4	250.4	172.4	187.5
11	270.5	233.4	171.1	186.7
12	263.7	219.8	171.2	185.4
13	263.1	206.9	168.4	184.1
14	261.6	195.3	166.7	182.4
15	265.9	186.1	167.7	181.8
16	268.2	180.1	169.4	181.8
17	268.4	178.5	170.7	181.1
18	274.5	185.0	174.1	181.6
19	303.5	195.1	178.2	181.8
20	312.1	186.5	182.9	183.9
21	296.4	177.4	176.7	181.6
22	308.2	174.4	176.3	180.1
23	299.2	171.6	178.8	179.5
24	296.7	170.4	177.1	179.4
25	322.2	171.6	182.3	179.9
26	330.7	172.4	188.3	184.7
27	360.7	173.5	188.0	186.0
28	358.8	174.7	188.5	185.6
29	386.1	176.4	191.9	186.4
30	383.7	178.7	197.6	188.3
令和元	390.8	181.2	202.1	189.4
2	397.6	180.3	※ 201.7	189.4
3	409.2	184.1	※ 216.2	188.8
4	411.0	184.1	※ 228.9	193.6

(注) 1．マンション価格は(株)不動産経済研究所の調査による首都圏の新規発売マンションの平均価格より作成。

　　 2．住宅地価格は国土交通省「地価公示」の東京圏住宅地公示価格・平均変動率より作成。

　　 3．建設工事費は、国土交通省「建設工事費デフレーター」の「住宅総合」より作成。

　　　　（このデータのみ全国値であり、かつ年度値である。）※暫定値

　　 4．消費者物価指数は総務省「消費者物価指数年報」の関東地方の2020年基準消費者物価指数時系列リストより作成。

２．建築工事費

① 図表３－２は、建設工事費と消費者物価の動きを平成27年を100として指数化したものである。

　これを見ると消費者物価についてはほぼ横ばいで推移している一方、建設工事費については上昇傾向に転じ、平成21年度から下落傾向にあった。なお、平成25年度以降は、両者とも上昇傾向となっている。

　また、首都圏における注文住宅の建築費（図表３－３）は3,000万円程度で推移していたが、平成30年度以降上昇しつつあり令和4年度には5,000万円を超過している。

図表３－２　建設工事費、消費者物価の推移　$\left(\begin{array}{l}\text{建設工事費・消費者物価}\\ \text{平成27年度＝100}\end{array}\right)$

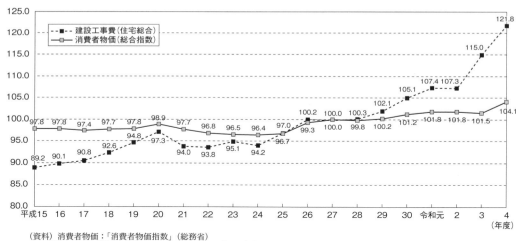

（資料）消費者物価：「消費者物価指数」（総務省）
　　　　建設工事費：「建設工事費デフレーター」（国土交通省）［＊令和２・３・４年度は暫定値］

図表３－３　注文住宅の建築費（首都圏）

調査年（年度）	平成25	26	27	28	29	30	令和元	2	3	4
建築費　　（万円）	2,951	3,206	2,964	3,061	2,958	3,558	3,301	3,510	4,077	5,050
延床面積　（m²）	120.9	132.7	113.7	113.3	120.4	116.9	117.2	113.1	125.0	143.4
建設費単価（万円）	24.4	24.2	26.1	27.0	24.6	30.4	28.2	31.0	32.6	35.2

（資料）「住宅市場動向調査」（国土交通省）

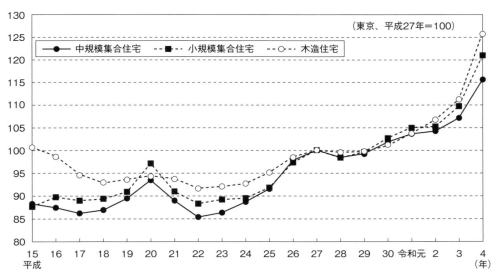

建築費指数

暦年	中規模集合住宅	小規模集合住宅	木造住宅
平成15	88.2	87.6	100.6
16	87.3	89.6	98.7
17	86.1	88.9	94.7
18	86.8	89.2	92.8
19	89.4	90.8	93.6
20	93.4	97.1	94.3
21	88.9	90.9	93.7
22	85.3	88.2	91.6
23	86.2	89.1	92.0
24	88.6	89.4	92.6
25	91.4	91.7	95.1
26	97.7	97.3	98.5
27	100.0	100.0	100.0
28	98.4	98.3	99.5
29	99.2	99.6	99.7
30	101.8	102.7	101.0
令和元	103.6	105.0	103.7
2	104.2	105.2	106.7
3	107.1	109.7	111.2
4	115.6	121.0	126.0

(注) 中規模集合住宅　鉄筋コンクリート造　　　　5,000 m² 　6階建エレベータ付
　　　小規模集合住宅　鉄骨造　　　　　　　　　　800 m² 　3階建
　　　木造戸建　　　　木造　　　　　　　　　　　125 m² 　2階建
(資料)　「建築費指数」((財) 建設物価調査会)

② 建設労働需給についてみると、6職種計の建設技能労働者不足率は平成23年以降不足の状態が続いており、令和4年は全国で1.6%となっている（図表3－5）。

図表3－5　建設技能労働者不足率の推移（全国・6職種計）

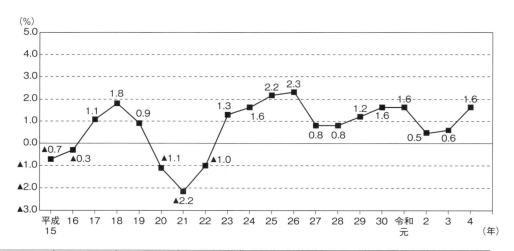

暦年	型枠工（土木）	型枠工（建築）	左官	とび工	鉄筋工（土木）	鉄筋工（建築）	6職種計
平成15	▲0.8	▲0.1	▲0.5	▲2.1	▲1.2	▲0.3	▲0.7
16	▲0.1	0.2	▲0.2	▲1.4	▲0.6	▲0.1	▲0.3
17	0.1	2.4	0.4	▲0.4	0.9	2.3	1.1
18	1.0	2.0	0.3	▲0.5	2.2	6.0	1.8
19	0.2	1.0	0.1	▲0.1	1.7	2.7	0.9
20	▲0.7	▲1.1	▲1.2	▲1.2	▲0.4	▲1.5	▲1.1
21	▲0.8	▲2.3	▲1.8	▲1.4	▲3.2	▲4.8	▲2.2
22	▲0.4	▲0.3	▲2.1	▲1.6	▲1.0	▲1.1	▲1.0
23	0.2	1.6	0.1	0.5	1.2	3.3	1.3
24	0.9	1.3	0.7	1.1	1.8	3.5	1.6
25	2.9	2.0	0.7	2.1	3.6	3.1	2.2
26	2.7	2.3	1.9	2.2	2.3	2.4	2.3
27	1.3	0.8	0.4	1.2	0.7	0.5	0.8
28	2.0	0.8	1.1	1.2	1.8	▲0.7	0.8
29	2.1	1.1	1.0	1.2	1.7	0.5	1.2
30	1.5	1.5	0.7	1.2	2.0	2.7	1.6
令和元	1.9	1.3	1.5	1.9	2.3	0.6	1.6
2	0.8	0.6	0.6	1.0	0.6	▲0.4	0.5
3	1.0	0.7	0.6	0.4	0.5	0.6	0.6
4	1.2	2.4	1.8	0.9	1.0	3.2	1.6

（注）　不足率＝ \frac{（確保できなかった労働者数）－（確保したが過剰となった労働者数）}{（確保している労働者数）＋（確保できなかった労働者数）}

$$不足率＝\frac{（確保できなかった労働者数）－（確保したが過剰となった労働者数）}{（確保している労働者数）＋（確保できなかった労働者数）}$$

※数値が大きい程、建設労働の逼迫傾向を、小さい程、緩和傾向を示す。

（資料）「建設労働需給調査」（国土交通省）

3．地価の推移

●地価の状況

　地価動向の推移を見ると、昭和62〜63年に急激な上昇を見せ、全国住宅地の地価は平成3年には昭和57年を100とした指数では212.5にまで上昇した。中でも大都市圏では著しく上昇したため、東京圏住宅地では260.5、三大都市圏住宅地では273.8と昭和57年の2.5倍以上の水準にまで跳ね上がった。

　その後、バブル崩壊を原因として、平成4年公示より地価は下落に転じ、平成5年公示では全国住宅地が前年比▲8.7%となり、バブル期の地価上昇時には全国平均よりも高い上昇率を示していた三大都市圏住宅地と東京圏住宅地では前年比10%以上の大幅な下落となった。

　それ以降も全国平均で見ると地価は引き続き下落傾向にあったが、近年は横ばいの状況が続いている。

　次に、近年の各地域別の地価動向は次のとおりである。

①東京圏

　　東京圏では平成26年以降は上昇が続いていたが、令和3年は下落、令和4年以降は再び上昇している（令和4年0.6%→令和5年2.1%）。

　　東京都は、平成26年以降は上昇が続いていたが、令和3年は下落、令和4年以降は上昇している（東京都：令和4年1.0%→令和5年2.6%、東京都区部：令和4年1.5%→令和5年3.4%）。

②大阪圏

　　大阪圏では平成27年以降はほぼ横ばいで推移していたが、令和3年は下落、令和4年以降は上昇している（令和4年0.1%→令和5年0.7%）。

　　大阪市は、令和3年は下落したが、令和4年以降は上昇に転じた。（令和4年0.6%→令和5年1.6%）。また、中心6区（福島区、西区、天王寺区、浪速区、北区、中央区）でも、平成31年から引き続き、令和5年も上昇した（令和4年1.8%→令和5年3.0%）。

③名古屋圏

　　名古屋圏では令和5年は上昇した（令和4年1.0%→令和5年2.3%）。

　　名古屋市でも、令和5年は上昇した（令和4年2.2%→令和5年3.7%）。

④地方圏

　　地方圏では令和5年は上昇した（令和4年0.5%→令和5年1.2%）。

図表３－６　地価変動の推移

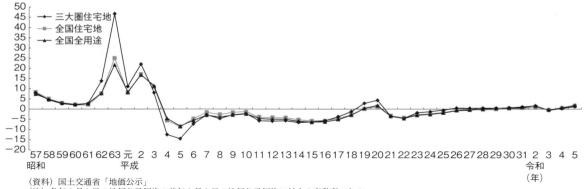

（資料）国土交通省「地価公示」
（注）各年１月１日の地価公示価格の前年１月１日の地価公示価格に対する変動率である。

図表３－７　地価水準の推移（昭和57年＝100）

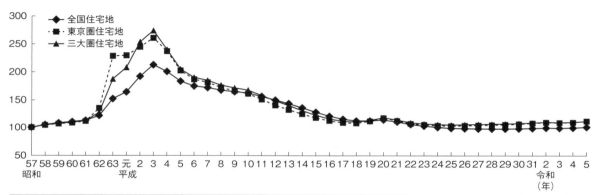

	昭和57	58	59	60	61	62	63	平成元	2	3	4	5	6	7	8	9	10	11	12	13	14
全国住宅地	100.0	105.1	108.3	110.6	113.1	121.7	152.1	164.1	192.0	212.5	200.6	183.2	174.6	171.8	167.3	164.6	162.3	156.2	149.8	143.5	136.0
東京圏住宅地	100.0	104.1	106.4	108.2	111.4	135.4	228.3	229.2	244.3	260.5	236.8	202.2	186.4	181.0	172.0	166.1	161.1	150.8	140.6	132.4	124.6
三大圏住宅地	100.0	104.5	107.2	109.4	112.3	127.7	187.2	207.8	253.5	273.8	239.6	204.8	189.9	184.6	176.1	171.1	167.4	157.8	148.5	140.2	131.1
全国全用途	100.0	104.7	107.8	110.4	113.3	122.0	148.5	160.8	187.5	208.7	199.1	182.4	172.2	167.0	160.3	155.7	151.9	145.0	137.9	131.1	123.4
	15	16	17	18	19	20	21	22	23	24	25	26	27	28	29	30	31	令和2	3	4	5
全国住宅地	128.1	120.8	115.3	112.1	112.3	113.7	110.1	105.5	102.6	100.2	98.6	98.0	97.7	97.5	97.5	97.8	98.3	99.1	98.7	99.2	100.6
東京圏住宅地	117.6	112.1	108.5	107.5	111.4	117.5	112.4	106.9	105.0	103.4	102.6	103.3	103.9	104.5	105.2	106.3	107.7	109.2	108.6	109.3	111.6
三大圏住宅地	122.6	115.6	111.3	110.0	113.1	117.9	113.8	108.7	106.7	105.3	104.7	105.2	105.6	106.2	106.7	107.4	108.5	109.7	109.1	109.6	111.5
全国全用途	115.5	108.3	102.9	100.0	100.4	102.1	98.5	94.0	91.2	88.8	87.2	86.7	86.4	86.5	86.9	87.5	88.5	89.8	89.3	89.9	91.3

（資料）国土交通省「地価公示」

4．宅地供給量の推移

●宅地供給量は減少傾向

　宅地供給の動向をみると、昭和47年度をピークとして減少し、平成10年度までは、1万ha強の規模で推移してきたが、平成11年度以降1万haを下回り、令和2年度は4,524haとなっている。

図表3－8　全国の宅地供給量の推移

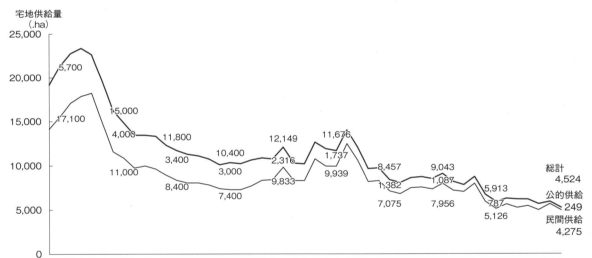

（注）四捨五入を行っているため、合計が一致しない場合がある。
（国土交通省調べ）
（注）　1．昭和44年から昭和63年の間、M.G（ミディアムグロス＝住宅の敷地面積に細街路、プレイロット等を含めたもの）により推計を行っていたが、平成元年以降については推計手法を一部変更し、住宅用地に係る部分のみを推計している。
　　　　2．公的供給とは、UR、地方公共団体等の公的機関による供給、これらの機関の土地区画整理事業による供給を含む。
　　　　3．民間供給とは、上記以外の事業者による供給を含む。
　　　　4．岩手県、宮城県及び福島県においては、平成23〜26年度の宅地供給量について農地及び林地から住宅用地への転用面積を計上している。

図表3－9　用途別土地面積

(1) 全国　(km²)

用途／年度	田	畑	宅地		沼地	山林	牧場	原野	雑種地				計
			住宅用地	非住宅用地					ゴルフ場用地	遊園地等の用地	鉄軌道用地	その他	
平成25	26,131	24,155	10,850	5,905	260	79,124	1,241	8,401	1,435	37	480	3,593	161,802
26	26,083	24,101	10,914	5,921	252	79,150	1,235	8,383	1,425	36	479	3,647	161,812
27	26,054	24,043	10,995	5,938	258	79,602	1,221	8,376	1,411	36	479	3,768	162,364
28	25,978	23,958	11,052	5,955	257	79,690	1,213	8,364	1,391	39	481	3,860	162,420
29	25,905	23,859	11,109	5,975	257	79,869	1,207	8,383	1,380	39	482	3,952	162,593
30	25,831	23,741	11,168	6,007	256	80,113	1,197	8,408	1,361	39	481	4,070	162,849
31	25,720	23,650	11,217	6,032	257	80,260	1,190	8,419	1,351	38	480	4,157	162,944
令和2	25,623	23,544	11,262	6,059	252	80,288	1,179	8,416	1,342	38	479	4,248	162,901
3	25,512	23,452	11,308	6,084	253	80,408	1,167	8,421	1,325	39	479	4,373	162,992
4	25,417	23,343	11,349	6,112	252	80,427	1,162	8,432	1,323	38	479	4,452	162,954

(2) 関東臨海　(km²)

用途／年度	田	畑	宅地		沼地	山林	牧場	原野	雑種地				計
			住宅用地	非住宅用地					ゴルフ場用地	遊園地等の用地	鉄軌道用地	その他	
平成25	1,296	1,404	1,815	752	8	1,992	7	180	196	6	58	356	8,070
26	1,292	1,395	1,826	754	8	1,989	7	180	196	6	58	357	8,067
27	1,285	1,384	1,838	755	8	1,981	7	179	196	6	58	366	8,063
28	1,281	1,374	1,848	757	7	1,976	7	179	195	7	58	372	8,062
29	1,276	1,364	1,859	758	7	1,972	7	179	195	7	58	376	8,059
30	1,271	1,352	1,869	757	7	1,971	7	176	195	7	58	384	8,055
31	1,267	1,343	1,878	758	7	1,967	7	176	195	7	58	389	8,053
令和2	1,263	1,334	1,887	759	7	1,966	7	175	195	7	58	394	8,051
3	1,259	1,328	1,895	759	7	1,964	7	175	195	7	58	400	8,055
4	1,255	1,318	1,902	761	7	1,963	7	175	194	7	58	405	8,052

(3) 近畿　(km²)

用途／年度	田	畑	宅地		沼地	山林	牧場	原野	雑種地				計
			住宅用地	非住宅用地					ゴルフ場用地	遊園地等の用地	鉄軌道用地	その他	
平成25	1,933	636	1,147	678	18	6,509	1	143	174	2	51	271	11,608
26	1,924	639	1,154	679	18	6,547	1	143	173	2	51	274	11,606
27	1,912	639	1,162	679	18	6,567	1	142	173	2	51	280	11,628
28	1,904	639	1,168	680	18	6,563	1	141	171	4	51	285	11,626
29	1,895	637	1,174	681	18	6,570	1	141	170	4	51	291	11,635
30	1,885	635	1,180	681	18	6,583	1	141	170	4	51	298	11,649
31	1,874	632	1,185	683	18	6,584	1	141	169	4	51	303	11,649
令和2	1,865	631	1,188	687	18	6,580	1	142	169	4	51	310	11,647
3	1,855	638	1,195	689	18	6,598	1	143	167	4	51	315	11,674
4	1,844	637	1,200	691	18	6,613	1	144	167	4	51	320	11,690

(注) 1．地域区分は以下の通り。
　　　　関東臨海：埼玉県、千葉県、東京都、神奈川県
　　　　近　　畿：滋賀県、京都府、大阪府、兵庫県、奈良県、和歌山県
　　　2．四捨五入のため合計値が合わないことがある。
(資料)　「固定資産の価格等の概要調書（土地）」総務省（旧自治省）より作成（固定資産税の課税対象となる土地面積であり、国、地方公共団体等の所有地を含んでいない）。

5. 大都市圏の住宅地問題

●住宅地の立地等の変化

　平成30年時点における建築時期ごと（過去5年分）の東京圏の距離帯別持家数分布は以下のようになっている。

図表3―10　東京圏の距離帯別持家数分布（専用住宅）

（世帯、％）

建築時期 ＼ 距離帯	合計	0-10 km	10-20 km	20-30 km	30-40 km	40-50 km	50-60 km	60-70 km
平成26年	182,100	20,900	43,900	40,900	38,300	21,200	10,000	6,900
27年	178,400	20,100	45,900	42,600	35,200	19,200	9,500	5,900
28年	154,900	11,900	39,700	36,600	31,400	20,700	9,400	5,200
29年	138,100	14,500	30,300	32,600	31,900	16,300	7,400	5,300
30年1月～9月	84,300	7,700	18,200	18,000	19,400	12,800	5,200	3,100

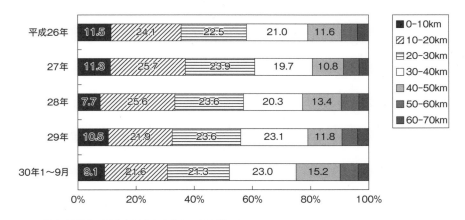

（注）距離帯は旧東京都庁を中心とした距離による。
（資料）「平成30年住宅・土地統計調査」（総務省）

図表 3 ― 11　通勤時間帯別家計を主に支える者が雇用者である普通世帯数

（1）平成 20 年調査　　　　　　　　　　　　　　　　　　　　　　　　　　　　　　　　　　（世帯、%）

時間帯	総数	自宅または住み込み	30 分未満	30～60 分未満	60～90 分未満	90 分以上	不詳
全国持家	14,255,600	180,800 (1.3)	6,998,700 (49.1)	4,288,500 (30.1)	2,032,200 (14.3)	709,500 (5.0)	46,100 (0.3)
全国借家	9,045,300	89,700 (1.0)	5,211,900 (57.6)	2,439,500 (27.0)	834,200 (9.2)	193,400 (2.1)	276,800 (3.1)
関東大都市圏持家	3,960,300	48,200 (1.2)	1,107,700 (28.0)	1,296,800 (32.7)	1,078,000 (27.2)	409,800 (10.3)	19,600 (0.5)
関東大都市圏借家	2,806,300	28,300 (1.0)	996,000 (35.5)	1,003,800 (35.8)	527,100 (18.8)	119,600 (4.3)	131,300 (4.7)

（2）平成 25 年調査　　　　　　　　　　　　　　　　　　　　　　　　　　　　　　　　　　（世帯、%）

時間帯	総数	自宅または住み込み	30 分未満	30～60 分未満	60～90 分未満	90 分以上	不詳
全国持家	14,522,000	254,800 (1.8)	7,143,900 (49.2)	4,549,900 (31.3)	1,863,700 (12.8)	659,300 (4.5)	50,400 (0.3)
全国借家	8,763,100	107,400 (1.2)	5,062,700 (57.8)	2,411,100 (27.5)	702,400 (8.0)	183,500 (2.1)	296,000 (3.4)
関東大都市圏持家	4,071,100	67,700 (1.7)	1,162,500 (28.6)	1,426,000 (35.0)	1,013,300 (24.9)	383,500 (9.4)	18,000 (0.4)
関東大都市圏借家	2,656,000	33,300 (1.3)	961,000 (36.2)	969,000 (36.5)	436,700 (16.4)	112,700 (4.2)	143,100 (5.4)

（3）平成 30 年調査　　　　　　　　　　　　　　　　　　　　　　　　　　　　　　　　　　（世帯、%）

時間帯	総数	自宅または住み込み	30 分未満	30～60 分未満	60～90 分未満	90 分以上	不詳
全国持家	14,363,100	246,200 (1.7)	7,007,700 (48.8)	4,507,300 (31.4)	1,873,000 (13.0)	670,000 (4.7)	58,900 (0.4)
全国借家	8,498,000	91,900 (1.1)	4,711,200 (55.4)	2,381,000 (28.0)	713,400 (8.4)	178,900 (2.1)	421,400 (5.0)
関東大都市圏持家	4,053,100	65,800 (1.6)	1,138,900 (28.1)	1,427,200 (35.2)	1,013,000 (25.0)	384,400 (9.5)	23,800 (0.6)
関東大都市圏借家	2,817,100	28,600 (1.0)	946,900 (33.6)	1,066,000 (37.8)	477,800 (17.0)	118,000 (4.2)	180,100 (6.4)

（資料）「住宅・土地統計調査」（総務省）

●敷地利用の現況

敷地の細分化が進む一方、高度利用化は依然十分ではない（図表3－12、3－13）。

図表3－12　民有地所有者の一人当たり所有面積の推移

(m²)

年	区部	指数	市部	指数	計	指数
昭和50	433	100	1,229	100	680	100
51	422	97	1,167	95	660	97
52	409	94	1,111	90	636	94
53	397	92	1,057	86	613	90
54	386	89	934	76	577	85
55	378	87	902	73	561	82
56	371	86	870	71	546	80
57	365	84	920	75	551	81
58	359	83	896	73	540	79
59	354	82	888	72	532	78
60	352	81	863	70	526	77
61	350	81	841	68	519	76
62	340	79	824	67	509	75
63	337	78	808	66	502	74
平成元	341	79	800	65	503	74
2	338	78	786	64	496	73
3	334	77	744	61	485	71
4	329	76	763	62	484	71
5	326	75	734	60	474	70
6	324	75	728	59	471	69
7	320	74	712	58	464	68
8	320	74	732	60	474	70
9	314	73	696	57	461	68
10	310	71	673	55	450	66
11	305	70	662	54	443	65
12	300	69	650	53	436	64
13	295	68	638	52	429	63
14	290	67	624	51	421	62
15	285	66	613	50	414	61
16	281	65	601	49	407	60
17	276	64	588	48	400	59
18	271	62	573	47	391	57
19	267	62	562	46	385	57
20	264	61	550	45	379	56
21	261	60	540	44	374	55
22	257	59	532	43	369	54
23	250	58	514	42	358	53
24	247	57	510	41	354	52
25	245	56	500	41	349	51
26	242	56	485	39	343	50
27	239	55	478	39	339	50
28	237	55	472	38	335	49
29	235	56	465	40	331	50
30	233	54	459	37	328	48
31	231	53	455	37	325	48
令和2	229	53	450	37	322	47
3	227	52	450	37	321	47

（資料）「東京の土地2021」（東京都）

図表3－13　都区部の容積充足率

(%)

	平成14年	15年	16年	17年	18年	19年	20年	21年	22年	23年	24年	25年	26年	27年	28年	29年	30年	31年	令和2年	3年
概算容積率　A	136.1	137.9	140.3	142.5	143.1	145.1	147.7	149.5	151.1	152.0	153.5	154.6	155.7	157.2	158.5	159.7	161.0	162.3	164.4	164.7
指定平均容積率　B	254.4	254.6	256.0	256.1	256.2	256.3	256.4	256.4	256.4	256.5	256.5	256.5	256.6	256.6	256.8	257.0	257.0	257.0	257.1	257.2
容積充足率　A/B×100	53.5	54.2	54.8	55.6	55.8	56.6	57.6	58.3	58.9	59.3	59.8	60.3	60.7	61.3	61.7	62.1	62.7	63.1	64.0	64.0

（資料）「東京の土地2021」（東京都）

●再開発の決定状況

市街地再開発事業・土地区画整理事業のような手法の決定状況は以下の通りである。

図表3－14　主な市街地再開発事業の決定状況

	令和 4 年 3 月 31 日現在	
	都　市　数	計画面積（ha）
土地区画整理事業	969	278,961
市街地再開発事業	311	1,765
新住宅市街地開発事業	36	15,358
住宅街区整備事業	4	51

（資料）「令和4年都市計画現況調査」（国土交通省）

図表3－15　土地区画整理事業の施行状況

	令和 4 年 3 月 31 日現在	
	地　区　数	面　積（ha）
事業着工		
旧都市計画法	1,027	41,573
個人・共同、組合施行	7,493	138,421
その他施行	3,103	174,679
うち施行中		
旧都市計画法	－	－
個人・共同、組合施行	310	7,663
その他施行	386	15,026

（資料）「令和4年都市計画現況調査」（国土交通省）

第 4 章

住宅の流通

1．媒介制度

　既存住宅を持主が売却しようとしたり、住宅購入希望者が一般に新築より割安な既存住宅を購入しようとした場合、個々に相手方を探し出すことは困難で、宅地建物取引業者に売買（あるいは賃貸借）の媒介を依頼することが多い。

　不動産の流通の円滑化を図るため、平成2年5月より、指定流通機構制度が発足し、宅地建物取引業者間をオンラインで結び、広く物件の登録・検索が行われている。平成9年4月からは、従来37あった指定流通機構が4つに統合され、一層の不動産流通の近代化・透明化が進められている。

図表4―1　指定流通機構の地域割

名　　　称	対　　象　　圏　　域
（公財）東日本不動産流通機構	北海道、青森県、岩手県、宮城県、秋田県、山形県、福島県、茨城県、栃木県、群馬県、埼玉県、千葉県、東京都、神奈川県、新潟県、山梨県、長野県
（公社）中部圏不動産流通機構	富山県、石川県、福井県、岐阜県、静岡県、愛知県、三重県
（公社）近畿圏不動産流通機構	滋賀県、京都府、大阪府、兵庫県、奈良県、和歌山県
（公社）西日本不動産流通機構	鳥取県、島根県、岡山県、広島県、山口県、徳島県、香川県、愛媛県、高知県、福岡県、佐賀県、長崎県、熊本県、大分県、宮崎県、鹿児島県、沖縄県

図表4―2　媒介契約の類型

契約類型の選択は、依頼者による。

	依　　頼　　者	宅地建物取引業者
専属専任媒介契約	媒介を依頼した業者以外の業者に重ねて媒介を依頼すること、依頼者自ら発見した相手方と直接売買契約などを締結することはできない。	契約を締結した日の翌日から5日以内に目的物件を指定流通機構に登録し、業務処理状況を1週間に1回以上依頼者に報告する法律上の義務がある。
専任媒介契約	媒介を依頼した業者以外の業者に重ねて媒介を依頼することはできないが、依頼者自ら発見した相手方と直接売買契約などを締結することはできる。	契約を締結した日の翌日から7日以内に目的物件を指定流通機構に登録し、業務処理状況を2週間に1回以上依頼者に報告する法律上の義務がある。
一般媒介契約	媒介を依頼した業者以外の業者に重ねて媒介を依頼することができる。	指定流通機構への目的物件の登録義務や依頼者への業務処理状況報告義務はない。

２．既存住宅の流通市場

●既存住宅の流通量

　既存住宅の流通市場の動向をみてみる。全住宅流通量（既存流通＋新築着工）にしめる既存住宅の流通シェアは、平成30年において約15％となっている。

図表４－３　既存住宅流通シェアの推移

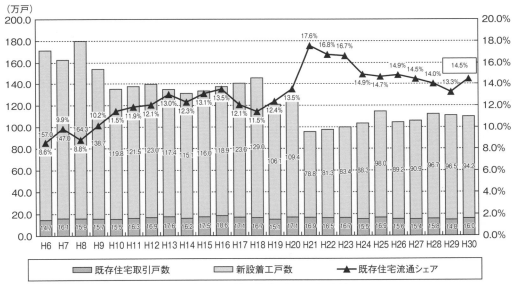

（資料）住宅・土地統計調査（総務省），住宅着工統計（国土交通省）

（注）平成5、10、15、20、25、30年の既存住宅流通量は1～9月分を通年に換算したもの。

平成2年5月以降、従来の不動産業界団体の認定による認定不動産流通機構に代わり、建設大臣の指定に係る指定流通機構が発足した。既存住宅の流通状況は以下の通りである。

図表4－4　既存住宅等の市場動向（「指定流通機構」登録の売り物件）

単位：件

年度	総数		新規登録の内訳			
平成15（15／4～16／3）	685,887	100,586	188,064	232,651	229,668	35,504
16（16／4～17／3）	759,464	103,317	198,326	257,686	262,843	40,609
17（17／4～18／3）	855,192	108,642	218,395	300,335	289,310	47,152
18（18／4～19／3）	898,232	115,413	231,531	308,131	301,696	56,874
19（19／4～20／3）	1,112,158	114,440	280,197	366,462	391,585	73,914
20（20／4～21／3）	1,237,061	114,895	305,881	384,036	465,792	81,352
21（21／4～22／3）	1,144,924	123,823	288,500	325,595	453,145	77,684
22（22／4～23／3）	1,213,804	130,354	346,871	345,127	445,743	76,063
23（23／4～24／3）	1,370,163	136,110	420,830	396,452	475,403	77,478
24（24／4～25／3）	1,396,662	150,540	406,192	430,512	484,257	75,701
25（25／4～26／3）	1,415,071	162,848	395,503	455,652	488,837	75,079
26（26／4～27／3）	1,590,118	157,733	441,631	520,491	548,789	79,207
27（27／4～28／3）	1,681,661	172,751	499,864	513,359	580,476	87,962
28（28／4～29／3）	1,621,352	178,605	459,054	516,826	558,785	86,687
29（29／4～30／3）	1,621,702	179,289	476,025	521,737	533,599	90,341
30（30／4～31／3）	1,896,229	185,105	540,837	615,522	632,437	107,433
令和1（31／4～R2／3）	1,693,283	187,176	502,901	559,960	538,318	92,104
2（2／4～3／3）	1,471,786	187,517	446,131	479,443	470,675	75,537
3（3／4～4／3）	1,264,268	186,084	406,877	405,788	380,213	71,390
4（4／4～5／3）	1,243,101	174,070	446,940	402,817	321,810	71,534

既存賃貸物件の市場動向（「指定流通機構」登録の賃貸物件）　単位：件

年度	合計	マンション・一戸建て	その他
平成15（15／4～16／3）	1,369,443	1,197,960	171,483
16（16／4～17／3）	1,674,108	1,472,247	201,861
17（17／4～18／3）	1,972,202	1,754,381	217,821
18（18／4～19／3）	2,214,381	1,977,232	237,149
19（19／4～20／3）	2,484,047	2,220,837	263,210
20（20／4～21／3）	2,899,580	2,590,214	309,366
21（21／4～22／3）	3,281,518	2,928,011	353,507
22（22／4～23／3）	3,372,066	3,014,684	357,382
23（23／4～24／3）	3,522,150	3,148,789	373,361
24（24／4～25／3）	3,602,849	3,216,156	386,693
25（25／4～26／3）	3,769,136	3,392,787	376,349
26（26／4～27／3）	4,115,064	3,721,921	393,143
27（27／4～28／3）	4,128,862	3,759,128	369,734
28（28／4～29／3）	3,760,385	3,415,759	344,626
29（29／4～30／3）	3,771,851	3,433,929	337,922
30（30／4～31／3）	3,729,899	3,394,808	335,091
令和1（31／4～R2／3）	2,901,249	2,609,499	291,750
2（2／4～3／3）	3,097,741	2,765,635	332,106
3（3／4～4／3）	3,362,666	3,075,208	287,458
4（4／4～5／3）	3,000,623	2,735,317	265,306

※公益財団法人不動産流通近代化センター「指定流通機構の活用状況について」より

図表4−5　既存住宅流通量（持家として取得した中古住宅数）

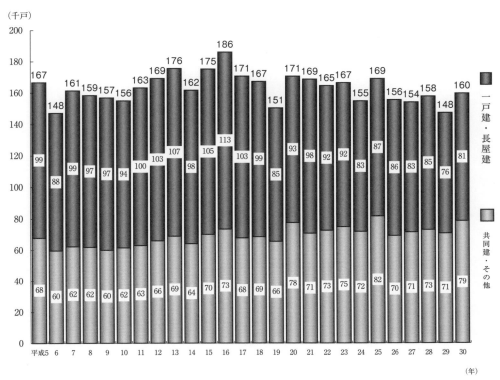

（千戸）

一戸建・長屋建

共同建・その他

（注）平成5、10、15、20、25、30年は1〜9月分を通年に換算したもの
（資料）「住宅・土地統計調査」（総務省）

図表 4 — 6

(1) 住宅金融公庫「中古住宅購入資金」利用概況

（単位：m²、年、万円）

		平成7年度	8年度	9年度	10年度	11年度	12年度	13年度	14年度	15年度	16年度
マンション	住宅面積	72.3	73.2	74.1	74.0	73.6	74.7	77.1	75.3	75.9	75.2
	築年数	9.8	10.3	10.5	10.7	11.2	10.9	10.1	9.3	9.8	11.7
	購入価格	2,695.3	2,610.4	2,505.0	2,242.9	2,063.9	1,937.1	1,941.4	2,095.0	2,036.0	1,898.7
一戸建等	住宅面積	111.9	111.0	112.9	114.8	113.0	113.2	116.7	117.1	121.3	122.6
	敷地面積	199.7	194.9	203.3	207.7	220.1	226.5	242.2	234.3	248.2	248.5
	築年数	5.8	7.1	7.0	7.5	9.5	9.8	9.7	9.4	11.1	13.6
	購入価格	3,165.2	3,239.2	3,164.5	2,892.0	2,614.3	2,328.3	2,209.3	2,187.4	2,172.5	1,936.5

（資料）「公庫融資利用者調査報告 リユース住宅購入融資編」住宅金融支援機構（旧住宅金融公庫）

(2) フラット35「中古住宅購入資金」利用概況

（単位：m²、年、万円）

		平成16年度	17年度	18年度	19年度	20年度	21年度	22年度	23年度	24年度	25年度
マンション	住宅面積	75.3	74.4	75.2	72.7	70.4	69.4	71.3	71.5	71.2	70.8
	築年数	6.1	10.2	9.8	10.8	12.3	14.8	13.4	15.0	16.5	17.1
	購入価格	2,708.8	2,557.7	2,592.1	2,720.2	2,526.5	2,278.1	2,588.9	2,505.4	2,509.5	2,561.8
一戸建等	住宅面積	119.1	123.9	122.0	124.2	119.6	118.1	117.8	116.4	113.9	112.9
	敷地面積（注）	169.0	190.0	198.0	192.0	179.0	166.0	166.0	163.8	160.5	158.1
	築年数	8.8	11.7	12.1	13.1	14.7	15.5	14.7	15.6	16.2	16.4
	購入価格	3,004.4	2,781.5	2,451.1	2,493.9	2,385.8	2,178.8	2,293.1	2,224.7	2,183.5	2,252.7

		平成26年度	27年度	28年度	29年度	30年度	令和元年度	2年度	3年度	4年度	
マンション	住宅面積	69.8	68.6	67.3	66.6	65.9	67.3	67.9	68.2	68.0	
	築年数	18.7	19.6	21.3	22.4	23.7	23.7	24.9	25.3	27.0	
	購入価格	2,580.1	2,692.2	2,797.1	2,844.5	2,982.5	3,109.6	2,971.4	3,025.8	3,156.9	
一戸建等	住宅面積	114.8	114.0	112.8	112.1	111.7	112.3	113.2	113.1	114.2	
	敷地面積（注）	163.6	163.7	162.4	156.0	156.3	155.9	165.3	164.3	166.1	
	築年数	17.5	17.7	18.2	18.9	19.3	19.6	20.0	20.1	20.9	
	購入価格	2,237.6	2,279.0	2,305.4	2,392.9	2,473.3	2,574.0	2,480.2	2,614.4	2,703.6	

（注）数字は平均値を使用しているが、敷地面積については外れ値があるため中央値を使用している。
（資料）「フラット35利用者調査報告」（住宅金融支援機構（旧住宅金融公庫））

●既存住宅の流通価格等

　過去2年間の（公財）東日本不動産流通機構における、既存マンション・既存戸建住宅の平均成約価格と成約件数は以下のように推移している。

図表4－7　指定流通機構における成約物件の動向（首都圏）

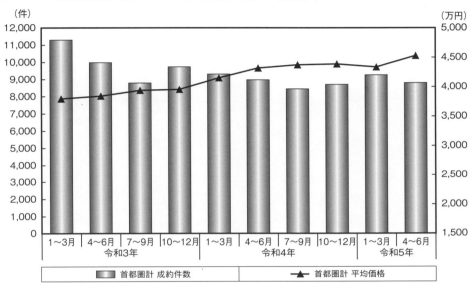

（単位：万円、件）

| | | 令和3年 | | | | 令和4年 | | | | 令和5年 | |
		1～3月	4～6月	7～9月	10～12月	1～3月	4～6月	7～9月	10～12月	1～3月	4～6月
首都圏計	平均価格	3,796	3,841	3,939	3,954	4,152	4,319	4,374	4,388	4,337	4,530
	成約件数	11,295	9,987	8,793	9,737	9,311	8,974	8,440	8,704	9,263	8,802
東京都	平均価格	4,776	4,929	4,963	4,942	5,199	5,397	5,431	5,496	5,368	5,695
	成約件数	5,820	5,041	4,440	5,068	4,854	4,789	4,497	4,714	4,932	4,713
埼玉県	平均価格	2,377	2,415	2,445	2,522	2,688	2,681	2,896	2,717	2,794	2,799
	成約件数	1,321	1,210	1,092	1,127	1,126	1,013	936	976	1,001	943
千葉県	平均価格	2,232	2,337	2,358	2,490	2,577	2,520	2,666	2,629	2,684	2,682
	成約件数	1,348	1,227	1,092	1,220	1,126	1,069	1,038	1,019	1,092	1,050
神奈川県	平均価格	3,177	3,068	3,319	3,289	3,391	3,518	3,509	3,462	3,527	3,621
	成約件数	2,806	2,509	2,169	2,322	2,205	2,103	1,969	1,995	2,238	2,096

(2) 戸建住宅

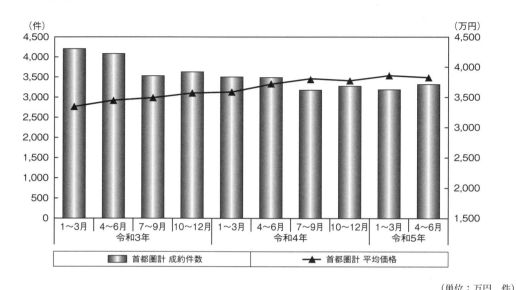

（単位：万円、件）

		令和3年				令和4年				令和5年	
		1～3月	4～6月	7～9月	10～12月	1～3月	4～6月	7～9月	10～12月	1～3月	4～6月
首都圏計	平均価格	3,345	3,450	3,492	3,569	3,587	3,716	3,808	3,774	3,859	3,826
	成約件数	4,207	4,086	3,519	3,624	3,503	3,489	3,177	3,277	3,189	3,320
東京都	平均価格	4,742	4,822	4,860	4,918	4,971	5,467	5,559	5,337	5,508	5,270
	成約件数	1,392	1,271	1,101	1,180	1,089	1,100	970	1,046	978	1,062
埼玉県	平均価格	2,128	2,432	2,443	2,400	2,439	2,447	2,518	2,621	2,617	2,526
	成約件数	852	872	737	753	727	754	670	702	678	677
千葉県	平均価格	2,054	2,192	2,242	2,336	2,413	2,346	2,463	2,521	2,509	2,498
	成約件数	819	807	693	723	689	728	680	730	681	699
神奈川県	平均価格	3,485	3,606	3,639	3,724	3,720	3,805	3,946	3,894	4,076	4,108
	成約件数	1,144	1,136	988	968	998	907	857	799	852	882

第　5　章

国民経済と住宅投資

1．GDP に占める住宅投資

●住宅投資の GDP に占める割合は 3.5%（実質ベース）

①　住宅投資（実質）の GDP（実質）に占める割合は、バブル経済期には 6% 半ばまで上昇し、平成 2 年度から平成 8 年度にかけては 5%～6% 台で推移していたが、平成 9 年度以降は低下を続けた。平成 21 年度以降はほぼ横ばいで推移し、令和 3 年度は 3.5% となった（図表 5 － 1、図表 5 － 2）。

②　「政府経済見通し」（令和 5 年 1 月 23 日閣議決定）では令和 5 年度の民間住宅投資の伸びは、名目 1.9%、実質 1.1% と予測されていたが、「令和 5 年度内閣府年央試算」（令和 5 年 7 月 20 日公表）では、民間住宅投資は、実質 0.3% と試算されている（図表 5 － 3）。今後とも、適正な規模を備えた良質な住宅の建設に向けて住宅投資を促進することにより、我が国の経済力に見合った、豊かさを実感できる社会の実現を目指すことが必要であろう。

図表 5 － 1　住宅投資及び GDP 比（実質）の推移

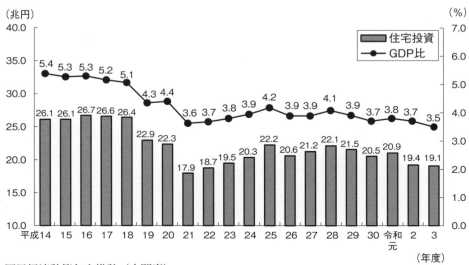

（資料）国民経済計算年次推計（内閣府）

図表 5 － 2　住宅投資の推移

（単位：10 億円）

年度	住宅投資（実質）			住宅投資（名目）		
	実数	前年度比	GDP 比	実数	前年度比	GDP 比
平成14	26,080	△1.6%	5.4%	23,975	△2.6%	4.6%
15	26,079	△0.0%	5.3%	23,956	△0.1%	4.6%
16	26,677	2.3%	5.3%	24,539	2.4%	4.6%
17	26,558	△0.4%	5.2%	24,554	0.1%	4.6%
18	26,397	△0.6%	5.1%	24,816	1.1%	4.6%
19	22,915	△13.2%	4.3%	21,933	△11.6%	4.1%
20	22,311	△2.6%	4.4%	21,854	△0.4%	4.2%
21	17,929	△19.6%	3.6%	17,049	△22.0%	3.4%
22	18,721	4.4%	3.7%	17,743	4.1%	3.5%
23	19,453	3.9%	3.8%	18,431	3.9%	3.7%
24	20,315	4.4%	3.9%	19,134	3.8%	3.8%
25	22,223	9.4%	4.2%	21,425	12.0%	4.2%
26	20,579	△7.4%	3.9%	20,548	△4.1%	3.9%
27	21,225	3.1%	3.9%	21,204	3.2%	3.9%
28	22,090	4.1%	4.1%	22,041	3.9%	4.0%
29	21,536	△2.5%	3.9%	21,879	△0.7%	3.9%
30	20,524	△4.7%	3.7%	21,178	△3.2%	3.8%
令和元	20,949	2.1%	3.8%	21,964	3.7%	3.9%
2	19,374	△7.5%	3.7%	20,418	△7.0%	3.8%
3	19,088	△1.5%	3.5%	21,617	5.9%	3.9%

（注）実質値：2015暦年連鎖価格
（資料）「国民経済計算年報」（内閣府）

図表5—3　政府経済見通しと実績（前年度比）

	平成26年度	27年度	28年度	29年度	30年度	元年度	2年度	3年度	4年度実績見込み	5年度 政府経済見通し	5年度 年央試算
民間住宅投資（名目）	−4.9%	3.2%	4.2%	0.0%	−3.3%	4.2%	−7.1%	6.3%	0.9%	1.9%	−
民間住宅投資（実質）	−8.1%	3.1%	4.3%	−1.8%	−4.8%	2.5%	−7.6%	−1.1%	−4.0%	1.1%	0.3%
Ｇ　Ｄ　Ｐ（実質）	−0.4%	1.7%	0.8%	1.8%	0.2%	−0.8%	−4.1%	2.5%	1.7%	1.5%	1.3%
消 費 者 物 価 指 数	2.9%	0.2%	−0.1%	0.7%	0.7%	0.5%	−0.2%	0.1%	3.2%	−	

資料：国民経済計算年次推計（内閣府）、消費者物価指数（総務省）
※消費者物価指数は令和5年度より2015年基準指数から2020年基準指数に変更
「経済見通しと経済財政運営の基本的態度」（内閣府）
「令和5年度 内閣府年央試算」（内閣府）

図表5—4　令和4年度　建設投資の構成（名目値）

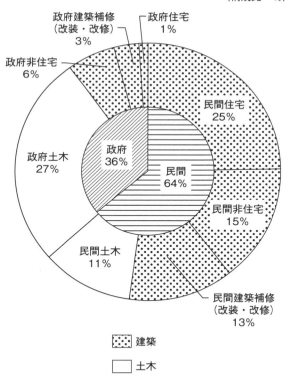

（構成比：％）

＊計数はそれぞれ四捨五入しているため合計と必ずしも一致しない。
資料：令和4年度建設投資見通し（国土交通省）

２．内需拡大と住宅投資

●住宅投資は内需拡大に貢献

　昭和 61 年度に 1,000 億ドルもの貿易黒字を記録した我が国は、経済構造を輸出依存型から内需主導型へ転換することを求められていた。このため政府は、60 年以降数次の経済対策を講じ、その結果、住宅投資を含む内需拡大が進んでいった。平成 8 年度までは年度によって増減はあるものの内需に対する住宅投資の寄与度は大きいと言えるが、平成 9 年度以降は寄与度は低下してきている。平成 20 年度後半から景気後退の影響により住宅着工が大きく落ち込んだことから、工事の出来高ベースの住宅投資についても落ち込み、平成 21 年度は、GDP 成長率に対する寄与度は△0.9％となった。

　また、平成 22 年度以降は景気が徐々に回復し、GDP 成長率はプラスが続いたが、平成 26 年度は、消費税率引き上げに伴う駆け込み需要の反動減等の影響により、GDP 成長率に対する寄与度は△0.3％となった。平成 28 年度は、駆け込み需要の反動

図表５―５　経済成長の要因分析（実質ベース）

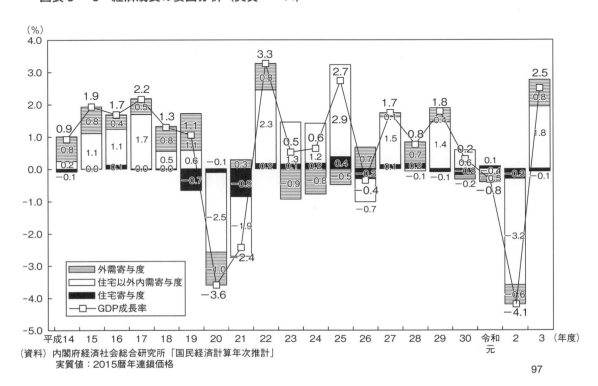

（資料）内閣府経済社会総合研究所「国民経済計算年次推計」
　　　　実質値：2015暦年連鎖価格

減からの回復や平成 27 年 1 月の相続税課税強化に伴う節税目的による貸家の増加等の影響により、GDP 成長率に対する寄与度は＋0.2％となった。

　平成 29 年度は、GDP 成長率に対する寄与度は△0.1％、平成 30 年度も同様△0.2％となり、令和元年度は＋0.1％とプラスに転じたが、令和 2 年度は新型コロナウイルス感染症拡大等の影響により、住宅着工戸数が減少したことで△0.3％と再びのマイナスに転じた。令和 3 年度は、前年度より持ち直したものの△0.1 と、2 年連続のマイナスとなった。

　令和 3 年度の住宅投資額（名目）は、図表 5 － 6 のとおり、新築・増改築の計で約 21.6 兆円となっているが、維持・修繕費、インテリアの購入費、光熱費等の居住関連支出を含めると約 54.5 兆円の市場規模となる。民間設備投資が輸出の拡大につながる場合も多いのに対し、住宅投資は内需振興に大いに寄与する。したがって、住宅投資の拡大は、我が国経済が今後とも内需主導の安定成長を確保していく意味からも、きわめて重要なものであるといえよう。

図表 5 － 6　住宅投資額（名目）と居住関連支出の推移

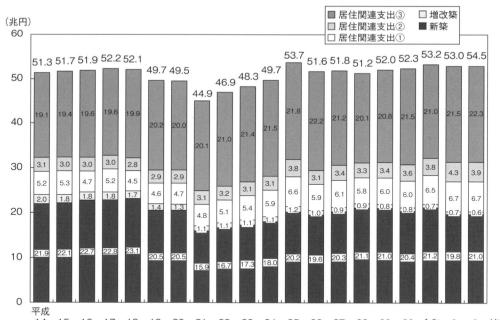

（注）1．住宅投資額は、「国民経済年次推計」（内閣府）による。
　　　2．住宅投資額の新築・増改築別の内訳は、「建築着工統計」（国土交通省）から求めた新築・増改築別工事費で住宅投資額を按分したものである。
　　　3．居住関連支出①②③は、「家計調査年報」（総務省）の下記該当項目に「住民基本台帳に基づく世帯数」（総務省）による世帯数を乗じて算出したものである。
　　　　居住関連支出①…「設備修繕・維持」（設備器具、畳替えなど）
　　　　居住関連支出②…「家庭用耐久財」（電気冷蔵庫、タンスなど）、「室内装備・装飾品」、「寝具類」
　　　　居住関連支出③…「家賃地代」、「光熱・水道」

3．住宅建設の経済効果

●生産誘発額は約 39.8 兆円

① 住宅建設の経済効果は、住宅関連産業が多岐にわたり、その裾野が広いことから非常に大きい。そこで、住宅建設の経済効果を、生産誘発効果からみてみよう。

② 「生産誘発効果」とは、ある事業の1単位の投資が誘発するすべての産業における生産額の合計額を指すものである。その特徴は、

(1) 各段階における付加価値、原材料費等がすべてカウントされていること

(2) 従って、裾野が広い事業ほどその係数が大きくなること

(3) 産業連関表とリンクしていること

等の点にある。

③ 住宅投資額（名目値）は、年額約 21.6 兆円の規模であるが、住宅建設に必要な他の産業部門との取引も、木材、化学、鋼材、電機、電力など広汎にわたっているため、住宅投資が誘発する他の産業部門を含めた生産誘発額は、住宅投資の約2倍の約 39.8 兆円に及んでいる。このため、住宅投資の動向は、住宅資材、設備機器業界だけでなく、木材、鋼材などの原材料部門の景況動向にも大きな影響を与えることとなる（図表5－8）。

④ なお、参考までに各部門別の生産誘発係数をみると図表5－7のようになる。

図表5－7　部門別生産誘発係数

農 林 水 産 業	1.79714	金 融 ・ 保 険	1.50367
鉱 業	1.75345	不 動 産	1.23207
製 造 業	1.94397	運 輸 ・ 郵 便	1.75204
建 設	1.80921	情 報 通 信	1.76426
電力・ガス・水道	1.57973	公 務	1.45570
商 業	1.46631	サ ー ビ ス	1.58278

（資料）「平成 27 年（2015 年）産業連関表」（総務省）

図表5－8　住宅関連産業への生産誘発効果（令和3年度：金額は名目ベース）

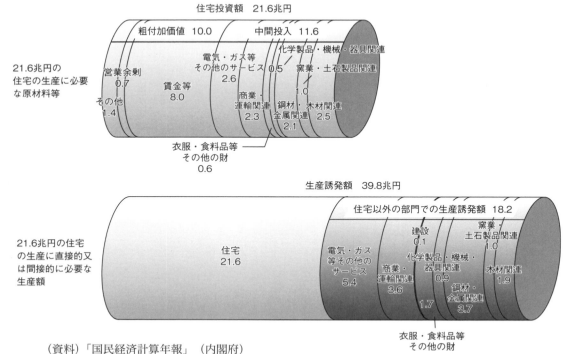

21.6兆円の住宅の生産に必要な原材料等

住宅投資額　21.6兆円

粗付加価値 10.0 ／ 中間投入 11.6

営業余剰 0.7
その他 1.4
賃金等 8.0
電気・ガス等その他のサービス 2.6
商業・運輸関連 2.3
鋼材・金属関連 2.1
木材関連 2.5
窯業・土石製品関連 1.0
化学製品・機械・器具関連
衣服・食料品等その他の財 0.6

21.6兆円の住宅の生産に直接的又は間接的に必要な生産額

生産誘発額　39.8兆円

住宅 21.6

住宅以外の部門での生産誘発額 18.2

電気・ガス等その他のサービス 5.4
商業・運輸関連 3.6
衣服・食料品等その他の財 1.7
化学製品・機械・器具関連 0.9
鋼材・金属関連 3.7
建設 0.1
木材関連 1.9
窯業・土石製品関連 1.0

（資料）「国民経済計算年報」（内閣府）
「平成27年建設部門分析用産業連関表」一般分類建設部門表（国土交通省）により作成。

●建設部門の生産誘発係数

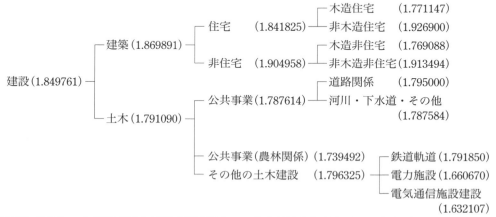

建設（1.849761）
- 建築（1.869891）
  - 住宅（1.841825）
    - 木造住宅（1.771147）
    - 非木造住宅（1.926900）
  - 非住宅（1.904958）
    - 木造非住宅（1.769088）
    - 非木造非住宅（1.913494）
- 土木（1.791090）
  - 公共事業（1.787614）
    - 道路関係（1.795000）
    - 河川・下水道・その他（1.787584）
  - 公共事業（農林関係）（1.739492）
  - その他の土木建設（1.796325）
    - 鉄道軌道（1.791850）
    - 電力施設（1.660670）
    - 電気通信施設建設（1.632107）

（資料）「平成27年建設部門分析用産業連関表」一般分類建設部門表（国土交通省）

4．住宅投資額累計と住宅資産額

●住宅投資額累計に対して、住宅資産額は 877 兆円程度下回る

図表 5 ― 9　住宅投資額累計と住宅資産額

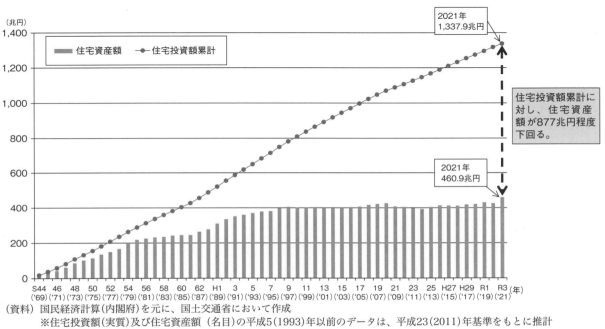

（資料）国民経済計算（内閣府）を元に、国土交通省において作成
※住宅投資額（実質）及び住宅資産額（名目）の平成5（1993）年以前のデータは、平成23（2011）年基準をもとに推計
※昭和44（1969）年以前は統計がないため、昭和44（1969）年以降の累積

　　図表 5 ― 9 は、我が国の住宅投資額累計と住宅資産額の推移を、それぞれ示したものである。住宅投資額累計は積み上がっており、住宅資産額は近年横ばいで推移している。このため、令和 3 年時点で両者を比較すると、住宅投資額累計に対して、住宅資産額は 877 兆円程度下回る。この要因として、住宅資産額を算定する際、減耗のある再調達原価で資産評価を行っており、我が国の住宅の実態を反映し、築年数の経過に伴い減耗する方法が採用されているためと考えられる。住宅の償却については、定率法が採用されており、償却率は住宅（木造）0.058、住宅（非木造）0.042、住宅（改装・修繕）0.100、住宅の売買仲介手数料・分譲マージン 0.083 となっている（出典：「国民経済計算推計手法解説書（年次推計編）2015 年（平成 27 年）基準版」（内閣府））。

第 6 章

住宅と家計経済

1. 家計経済の姿

●家計の「資金的余力」

① 図表6－1は、家計経済の姿の推移をみたものである。ここでは実収入から税、社会保障費等の非消費支出を控除した可処分所得のうち、消費支出を除いた残りを資金的余力としている。この資金的余力は家計経済の"ゆとりの具合"をあらわし、貯蓄に相当する資金であると考えられる。

② 資金的余力は、平成13年以降は減少傾向にあった。平成27年以降は増加傾向に転じていたが、令和3年以降は減少している。

③ 図表6－2は、消費支出の内訳の推移をみたものである。

④ 図表6－3は、持家、民営借家別にみた勤労者世帯の家計経済の動きである。これによると、持家世帯の実収入に占める可処分所得の割合は徐々に減少し、資金的余力が小さくなっていることが分かるが、近年、土地家屋の借金返済の減少等に伴い増加している。一方、民営借家世帯の実収入に占める可処分所得の割合も減少傾向にあるが、資金的余力は既ね横ばいで推移していることが分かる。資金的余力は令和4年には持家で22.7%、民営借家で25.9%となっている。

図表６－１　全国勤労者１世帯当たり年平均１ヵ月間の収支（構成比）

（単位：％）

暦　年	15	16	17	18	19	20	21	22	23	24	25	26	27	28	29	30
実　収　入　①	100.0	100.0	100.0	100.0	100.0	100.0	100.0	100.0	100.0	100.0	100.0	100.0	100.0	100.0	100.0	100.0
税　　　②	6.7	7.0	6.8	7.1	7.3	7.9	7.9	7.7	7.6	7.8	8.1	8.0	8.0	8.0	8.0	7.8
社会保障費等　③	9.4	9.1	9.0	8.9	8.9	9.2	9.5	9.7	9.9	10.3	10.6	10.5	10.7	10.7	10.7	10.8
可処分所得　④ ④＝①－（②＋③）	84.0	84.0	84.1	84.0	83.7	82.9	82.6	82.6	82.5	82.0	81.4	81.5	81.3	81.4	81.4	81.5
消　費　支　出　⑤	62.1	62.4	62.9	60.9	61.2	60.8	61.6	61.1	60.5	60.5	61.0	61.3	60.0	58.7	58.6	56.4
資金的余力　⑥ ⑥＝④－⑤	21.9	21.5	21.2	23.1	22.5	22.1	21.0	21.5	21.9	21.5	20.4	20.2	21.3	22.6	22.7	25.0

暦　年	令和元	2	3	4
実　収　入　①	100.0	100.0	100.0	100.0
税　　　②	7.8	7.6	7.8	8.0
社会保障費等　③	10.9	10.6	10.8	10.9
可処分所得　④ ④＝①－（②＋③）	81.3	81.8	81.4	81.1
消　費　支　出　⑤	55.3	50.2	51.1	51.9
資金的余力　⑥ ⑥＝④－⑤	26.1	31.6	30.3	29.2

（資料）「家計調査」（総務省）より作成

図表６－２　全国勤労者世帯消費支出内訳

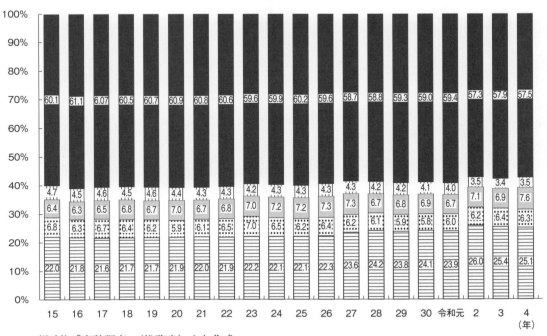

（資料）「家計調査」（総務省）より作成

図表6-3 持家借家別の家計収支

持家世帯（全国・勤労者世帯）実収入＝100%

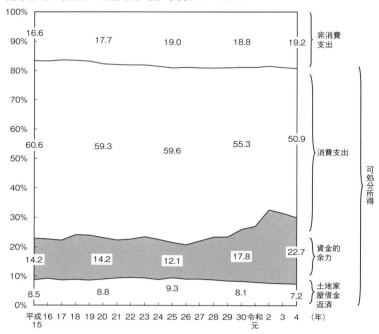

借家（民営借家）世帯（全国・勤労者世帯）実収入＝100%

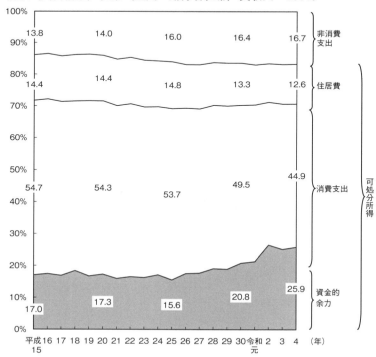

（資料）「家計調査」（総務省）より作成

（参考）勤労者世帯の平均年収・貯蓄額・負債額の推移

（単位：万円）

地域区分 年	全国				関東大都市圏				近畿大都市圏			
	年収	貯蓄	負債	うち住宅・土地	年収	貯蓄	負債	うち住宅・土地	年収	貯蓄	負債	うち住宅・土地
平成15	721	1,292	605	554	783	1,431	721	676	707	1,381	827	667
16	730	1,273	655	605	796	1,400	846	804	698	1,369	746	705
17	719	1,292	616	561	790	1,407	751	696	710	1,343	728	659
18	713	1,264	624	577	794	1,377	783	748	696	1,382	690	624
19	718	1,268	664	614	798	1,467	878	830	701	1,325	751	708
20	717	1,250	652	603	791	1,385	826	784	724	1,384	764	723
21	709	1,203	643	596	804	1,366	821	782	713	1,332	687	648
22	697	1,244	679	629	762	1,382	866	815	696	1,254	784	737
23	689	1,233	647	601	742	1,397	842	794	671	1,340	673	642
24	691	1,233	695	648	759	1,365	856	801	686	1,348	784	743
25	708	1,244	740	687	782	1,443	944	878	739	1,388	798	760
26	702	1,290	756	710	775	1,519	891	846	695	1,443	944	906
27	709	1,309	755	698	786	1,513	906	858	708	1,630	804	756
28	715	1,299	781	716	806	1,577	956	883	716	1,411	867	813
29	722	1,327	794	739	818	1,499	985	926	713	1,647	848	803
30	729	1,320	821	761	802	1,552	910	852	717	1,289	833	770
令和元	736	1,376	855	798	809	1,642	960	908	694	1,304	945	890
2	740	1,378	851	791	816	1,630	965	907	688	1,177	871	823
3	749	1,454	856	791	835	1,767	966	913	715	1,432	853	788
4	768	1,508	879	813	830	1,641	1,014	943	765	1,649	868	797

（資料）　総務省統計局の「家計調査（貯蓄・負債編）」（勤労者世帯・農林漁家世帯を含む）による。平成13年は平成14年1月～3月平均。

（注1）　「関東」は下記データを利用している。　　　　（注2）　「近畿」は下記データを利用している。
　　　　　～平成15年　京浜葉大都市圏　　　　　　　　　　　　　　～平成21年　京阪神大都市圏
　　　　　～平成30年　関東大都市圏　　　　　　　　　　　　　　　～平成30年　近畿大都市圏
　　　　　令和元年～　地方「関東」　　　　　　　　　　　　　　　令和元年～　地方「近畿」

（用語解説）
実収入…税込み収入で世帯員全員の現金収入の合計。
可処分所得…「実収入」から税金、社会保険料等の「非消費支出」を差し引いた額で、いわゆる手取り収入のこと。
消費支出…いわゆる生活費のことで、日常生活を営むため商品やサービスを購入し、実際に支払った金額のこと。
非消費支出…税金や社会保険料等の世帯の自由にならない支出のこと。
土地家屋借金返済…預貯金、投資と同様、手元から現金が支出されるが、一方で資産の増加、負債の減少を伴うことから「見せかけの支出」と言われる。つまりは「消費支出」には該当しないもの。
資金的余力…家計調査にはない概念であるが、ここでは「可処分所得」から「消費支出」を差し引いた額を表す。
　　　　　「家賃・地代」は、「消費支出」に含まれるが、「土地家屋借金返済」は「消費支出」ではないため、「資金的余力」から拠出されるものである。

2. 住居費支出割合の推移

●「住居費支出」の状況

① 図表6-4は「家計調査」（総務省）により、世帯の実収入に対する住居費支出割合の推移を捉えたものである。これをみるとここ最近の住居費支出割合は横ばいもしくは減少傾向で推移していることが分かる。

② 図表6-5は勤労者世帯の住居費支出割合の推移をみたものである。まず、実収入に占める住居費支出割合の状況をみると、平成25年以降は縮小傾向にあり、令和4年は9.2%となっている。

また、可処分所得に占める住居費支出割合も、同じく平成25年以降は縮小傾向にあり、令和4年は11.3%となっている。

③ 図表6-6をみると、民営借家居住世帯の家賃支出割合は、概ね横ばいで推移していたが、平成26年に大きく減少し、令和4年には11.8%となっている。また、公営借家居住世帯については増加と減少を繰り返しながらも、ゆるやかな増加傾向となっており、令和4年には15.1%となっている。

図表6-4　住居費支出割合の推移（住宅の所有関係別、勤労者世帯）

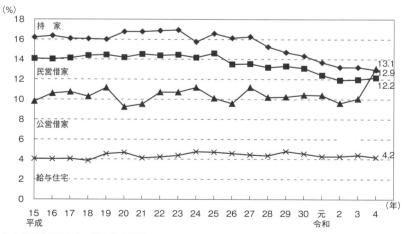

(注) 住居費支出割合＝住居費／実収入
　　　（持家の住居費は、住宅ローン返済世帯における土地家屋に係る借入金の返済である。）
　　　（民営借家、公営借家、給与住宅の住居費は、家賃・地代である。）
　　（資料）「家計調査」（総務省）より作成

図表6－5　住居費支出割合（勤労者世帯）

（単位：円／月、％）

年	実収入 A	可処分所得 B	家賃・地代・修繕費等 C	ローン返済額 D	住居費 E＝C＋D	住居費支出割合	
						E／A	E／B
平成 15	524,810	440,667	22,222	33,190	55,412	10.6	12.6
16	531,690	446,288	20,877	35,803	56,680	10.7	12.7
17	524,585	441,156	21,839	32,711	54,550	10.4	12.4
18	525,719	441,448	20,292	34,024	54,316	10.3	12.3
19	528,762	442,504	20,207	34,909	55,116	10.4	12.5
20	534,235	442,749	19,156	37,477	56,633	10.6	12.8
21	518,226	427,912	19,614	36,900	56,514	10.9	13.2
22	520,692	429,967	20,694	37,682	58,376	11.2	13.6
23	510,149	420,538	21,600	35,746	57,346	11.2	13.6
24	518,506	425,005	20,479	35,240	55,719	10.7	13.1
25	523,589	426,132	19,775	39,548	59,323	11.3	13.9
26	519,761	423,541	20,467	36,616	57,083	11.0	13.5
27	525,669	427,270	19,477	37,303	56,780	10.8	13.3
28	526,973	428,697	18,862	36,569	55,431	10.5	12.9
29	533,820	434,415	18,532	36,179	54,711	10.2	12.6
30	558,718	455,125	18,200	36,977	55,177	9.9	12.1
令和元	586,149	476,645	19,292	37,647	56,939	9.7	11.9
2	609,535	498,639	18,824	37,603	56,427	9.3	11.3
3	605,316	492,681	19,848	36,368	56,216	9.3	11.4
4	617,654	500,914	20,115	36,730	56,845	9.2	11.3

（注）　1．実収入は、勤め先収入、事業・内職収入などの経常収入及び受贈金などの特別収入からなる、いわゆる税込み収入に相当する。
　　　　2．可処分所得は、実収入から税・社会保障費などの非消費支出を差し引いたもの。
（資料）「家計調査」（総務省）

図表6－6　家賃支出割合の推移（公営借家・民営借家に居住する勤労者世帯）

（単位：円／月、％）

年	公営借家			民営借家		
	実収入 A	家賃・地代 B	家賃支出割合 B／A	実収入 C	家賃・地代 D	家賃支出割合 D／C
平成 15	359,838	35,339	9.8	430,474	60,590	14.1
16	345,955	36,735	10.6	438,430	61,535	14.0
17	331,842	35,679	10.8	444,836	62,849	14.1
18	349,292	35,983	10.3	425,898	61,267	14.4
19	322,668	36,063	11.2	428,694	61,922	14.4
20	335,151	31,004	9.3	424,884	60,285	14.2
21	342,095	32,607	9.5	419,198	60,880	14.5
22	324,544	34,821	10.7	418,834	60,282	14.4
23	325,748	34,958	10.7	427,132	61,789	14.5
24	325,653	36,504	11.2	434,293	61,575	14.2
25	289,419	29,318	10.1	432,424	63,142	14.6
26	320,960	30,796	9.6	452,917	61,193	13.5
27	332,767	37,306	11.2	446,557	60,513	13.6
28	307,521	31,417	10.2	452,324	59,644	13.2
29	320,219	32,818	10.2	459,170	61,200	13.3
30	359,055	37,540	10.5	475,759	62,364	13.1
令和元	392,627	40,892	10.4	505,547	62,793	12.4
2	421,357	39,665	9.4	538,634	64,225	11.9
3	370,109	37,830	10.2	541,279	67,586	12.5
4	370,109	55,713	15.1	541,279	63,671	11.8

（注）　1．「実収入」は、勤め先収入、事業・内職収入などの経常収入及び受贈金などの特別収入からなる、いわゆる税込み収入に相当する。
　　　　2．「家賃・地代」は、民営借家全体の平均であり、建築時期及び入居時期は様々である。
　　　　3．「公営借家」とは、公営住宅の他に都市基盤整備公団、住宅供給公社の賃貸住宅に居住している場合を含む。
（資料）「家計調査」（総務省）

●住宅ローン支出

① 　総務省の家計調査によると、住宅ローン返済のある勤労者世帯の住宅ローン返済
支出の実収入に占める割合は、平成に入って以降概ね上昇してきたが、平成28年より
り減少を続け、令和4年には12.9％となっている（図表6－7）。

② 　総務省の家計調査によると、全勤労者世帯の令和4年の平均負債高は879万円、
このうち住宅関連が92.5％を占めている（図表6－8）。

図表6－7　住宅ローン返済支出割合（住宅ローンを返済している勤労者世帯）

（単位：円／月、％）

年	実収入 （A）	可処分所得 （B）	土　地・　家　屋 借金返済額　（C）	返済負担率 （C）／（A）	返済負担率 （C）／（B）
平成 15	613,979	509,139	99,616	16.2	19.6
16	624,314	517,991	102,263	16.4	19.7
17	619,833	516,135	99,775	16.1	19.3
18	622,014	516,582	99,960	16.1	19.4
19	624,128	515,563	99,996	16.0	19.4
20	622,599	510,685	104,475	16.8	20.5
21	605,154	494,631	101,594	16.8	20.5
22	604,723	495,200	102,069	16.9	20.6
23	587,104	479,275	99,542	17.0	20.8
24	598,490	485,362	94,295	15.8	19.4
25	601,951	485,331	99,867	16.6	20.6
26	605,760	489,149	97,850	16.2	20.0
27	606,211	488,621	98,696	16.3	20.2
28	609,305	490,275	92,945	15.3	19.0
29	617,621	497,722	90,723	14.7	18.2
30	645,785	521,340	92,549	14.3	17.8
令和元	671,259	541,687	91,854	13.7	17.0
2	697,666	564,719	92,111	13.2	16.3
3	689,755	556,998	91,071	13.2	16.4
4	710,723	573,213	91,997	12.9	16.0

（注）土地・家屋借金返済のある勤労者世帯の平均値である。
（資料）「家計調査」（総務省）

図表6−8 勤労者世帯の負債現在高

年	全勤労者世帯平均負債現在高		住宅・土地のための負債のある勤労者世帯の平均負債現在高	
	負債総額	住宅・土地のための負債（負債総額にしめる割合）	負債総額	住宅・土地のための負債（負債総額にしめる割合）
	万円	万円（％）	万円	万円（％）
平成15	605	554 (91.6)	1,576	1,508 (95.7)
16	655	605 (92.4)	1,647	1,585 (96.2)
17	616	561 (91.1)	1,647	1,581 (96.0)
18	624	577 (92.5)	1,644	1,549 (94.2)
19	664	614 (92.5)	1,681	1,615 (96.1)
20	652	603 (92.5)	1,647	1,578 (95.8)
21	643	596 (92.7)	1,615	1,554 (96.2)
22	679	629 (92.6)	1,675	1,606 (95.9)
23	647	601 (92.9)	1,623	1,569 (96.7)
24	695	648 (93.2)	1,652	1,589 (96.2)
25	740	687 (92.8)	1,693	1,627 (96.1)
26	756	710 (93.9)	1,794	1,736 (96.8)
27	755	698 (92.5)	1,759	1,684 (95.7)
28	781	716 (91.7)	1,781	1,715 (96.3)
29	794	739 (93.1)	1,799	1,733 (96.3)
30	821	761 (92.7)	1,809	1,737 (96.0)
令和元	855	798 (93.3)	1,848	1,782 (96.4)
2	851	791 (92.9)	1,886	1,811 (96.0)
3	856	791 (92.4)	1,939	1,864 (96.1)
4	879	813 (92.5)	1,961	1,878 (95.8)

（資料）「家計調査・貯蓄負債編」（総務省）

図表6—9　住宅ローンの年間返済額の平均値

（単位：万円）

		全国	三大都市圏	首都圏	中京圏	近畿圏
注文住宅	平成 30 年度	116.5	131.6	148.8	119.6	129.2
	平成 元 年度	123.2	124.5	125.2	126.4	116.8
	平成 2 年度	124.7	134.1	153.4	123.5	103.2
	令和 3 年度	139.4	169.1	200.0	128.8	158.4
	令和 4 年度	174.0	183.1	199.9	180.1	140.8
分譲住宅	平成 30 年度	—	120.6	130.0	103.0	108.3
	平成 元 年度	—	125.9	136.2	103.6	120.0
	平成 2 年度	—	130.0	140.4	111.1	121.1
	令和 3 年度	—	137.2	148.1	123.5	121.8
	令和 4 年度	—	136.5	139.4	131.2	134.2
中古住宅	平成 30 年度	92.7	109.5	118.8	106.0	90.9
	平成 元 年度	90.5	98.9	107.4	96.5	84.3
	平成 2 年度	93.3	103.6	115.3	81.0	94.1
	令和 3 年度	95.2	100.4	106.1	82.0	100.3
	令和 4 年度	99.1	104.1	108.9	95.3	97.1

（資料）住宅市場動向調査（国土交通省）

住宅ローンが有る世帯の年間返済額の分布

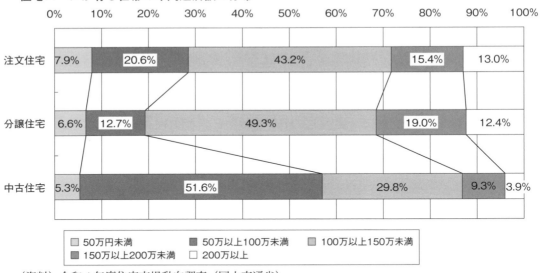

（資料）令和 4 年度住宅市場動向調査（国土交通省）

3．住宅価格と所得の乖離

●住宅取得の困難化

　図表6－10は、首都圏におけるマンション価格の年収に対する倍率（年収倍率）を示している。販売価格は、上昇傾向にあり、年収倍率も上昇傾向にある。令和4年度の年収倍率は7.6倍（前年7.5倍）となっている。

図表6－10　首都圏のマンション価格の年収倍率の推移

項　　　　目　　　　年		24	25	26	27	28	29	30	令和元	2	3	4
年　　　収（万円）		759	782	775	786	806	818	802	809	816	835	830
マンション	価　格（万円）	4,540	4,929	5,060	5,518	5,490	5,908	5,871	5,980	6,084	6,260	6,288
マンション	年 収 倍 率	6.0	6.3	6.5	7.0	6.8	7.2	7.3	7.4	7.5	7.5	7.6

（注）1．住宅のデータは、「全国マンション市場動向」（株式会社不動産経済研究所）
　　　2．「家計調査（貯蓄・負債編）」（総務省）

113

図表 6 ― 11　建築主・購入者等の平均年齢

（単位：歳）

		全国	三大都市圏	首都圏	中京圏	近畿圏
注文住宅	平成 30 年度	44.1	44.0	46.8	42.3	42.0
	平成 元 年度	43.2	43.7	45.0	42.3	45.6
	平成 2 年度	42.9	44.3	46.3	41.1	49.4
	令和 3 年度	44.0	45.3	46.8	43.0	45.2
	令和 4 年度	43.8	43.7	45.3	40.5	44.6
分譲住宅	平成 30 年度	—	40.6	41.0	40.2	40.0
	平成 元 年度	—	40.7	41.9	38.9	39.1
	平成 2 年度	—	41.3	42.6	40.0	39.3
	令和 3 年度	—	41.3	42.6	41.8	38.1
	令和 4 年度	—	42.1	43.4	41.6	39.2
既存 (中古) 住宅	平成 30 年度	47.2	46.1	46.3	46.5	45.3
	平成 元 年度	48.0	47.4	47.2	49.2	46.5
	平成 2 年度	47.8	46.9	46.6	45.6	48.4
	令和 3 年度	47.1	46.6	46.5	45.6	47.6
	令和 4 年度	47.1	46.0	45.8	45.2	47.1
民間賃貸住宅	平成 30 年度	—	39.1	39.2	37.7	39.8
	平成 元 年度	—	39.2	38.6	39.4	40.4
	平成 2 年度	—	39.3	38.5	40.4	40.4
	令和 3 年度	—	38.3	39.1	34.9	38.3
	令和 4 年度	—	39.4	40.3	34.6	40.5
リフォーム住宅	平成 30 年度	—	59.4	59.2	61.0	58.7
	平成 元 年度	—	60.0	59.9	61.2	59.4
	平成 2 年度	—	58.4	58.6	58.5	58.0
	令和 3 年度	—	60.4	60.5	59.7	60.5
	令和 4 年度	—	60.2	61.1	58.3	59.4

（資料）住宅市場動向調査（国土交通省）

全国での建築時・購入時・リフォーム時の年齢分布

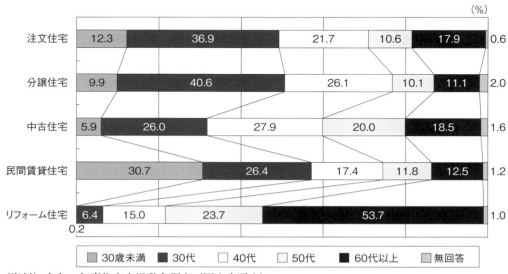

（資料）令和4年度住宅市場動向調査（国土交通省）

●取得能力の国際比較

　図表6－12は、住宅価格及びその年収倍率を欧米主要国との比較で示したものである。

　住宅価格については、住宅の立地や規模等により差異があることに加えて、住宅ローン金利水準等により住宅取得能力が異なるため、住宅価格そのもの、あるいは年収倍率の対比のみによって正確に国際比較を行うことは非常に困難である。

図表6－12　住宅価格の年収倍率（欧米主要国）

国名	年	単位	新築住宅価格（A）	世帯年収（B）	(A/B)倍
アメリカ	2021	ドル	410,000	69,717	5.88
イギリス	2021	ポンド	274,712	48,723	5.64
フランス	2019	ユーロ	278,229	45,320	6.14
日本	2022	万円	5,121	768	6.67

（資料）
アメリカ：住宅価格（中位値・2021年12月時点）
　　　　　https://www.census.gov/construction/nrs/historical_data/index.html
　　　　　年　　　収（中位値・2021年時点）
　　　　　https://data.census.gov/table?q=S1903&tid=ACSST1Y2021.S1903
イギリス：住宅価格（平均値・2021年12月時点）
　　　　　https://www.ons.gov.uk/economy/inflationandpriceindices/bulletins/housepriceindex/december2020
　　　　　年　　　収（平均値・2021年時点）
　　　　　https://www.ons.gov.uk/peoplepopulationandcommunity/personalandhouseholdfinances/incomeandwealth/
　　　　　datasets/theeffectsoftaxesandbenefitsonhouseholdincomefinancialyearending2014
フランス：住宅価格（平均値・2019年時点）
　　　　　https://www.statistiques.developpement-durable.gouv.fr/commercialisation-des-logements-neufs-resultats-
　　　　　au-premier-trimestre-2021
　　　　　年　　　収（平均値・2019年時点）
　　　　　https://www.insee.fr/fr/statistiques/5651295?sommaire=5651313
日　　本：住宅価格（マンション）　新規発売民間分譲マンションの平均価格
　　　　　　　　　　　　　　　　　㈱不動産経済研究所「全国マンションの市場動向」）
　　　　　年　　　収（平均値・2022年時点）
　　　　　全国の勤労者世帯平均年収（総務省「家計調査　貯蓄・負債編」）

4. 家賃の動向

家賃の動向を総務省「住宅・土地統計調査」のデータで見てみよう。図表6－13は民営借家を、木造（台所と便所の双方を装備している「設備専用」に限る）と非木造の構造別に分けて、家賃の推移を見たものである。

平成25年から平成30年の5年間に年率換算ベースで、全国で木造△0.4％、非木造△0.3％、関東大都市圏で木造△1.1％、非木造△0.4％、近畿大都市圏で木造△0.5％、非木造△0.1％と推移した。

家賃の変動率を住宅の構造区分で見るだけでは不十分である。家賃の対象となっている住宅の質、立地等が異なれば、当然家賃も変わるためである。そこで、図表6－13のようにすべての民営借家の家賃をならすのではなく、最新建築、最新入居の新しい民営借家だけを取り出してみよう（図表6－14）。

平成25年から30年の5年間に年率換算ベースで、全国で木造＋1.9％、非木造＋2.5％、関東大都市圏で木造＋1.7％、非木造＋1.6％、近畿大都市圏で木造＋1.7％、

図表6－13　民営借家の1畳あたり家賃

（円／月・畳）

年	全国		関東大都市圏		近畿大都市圏		(参考)消費者物価指数	
	木造設備専用	非木造	木造設備専用	非木造	木造設備専用	非木造	総合	家賃
平成5	2,691	4,157	4,398	5,782	2,491	4,266	97.1	97.4
10	2,825	4,161	4,439	5,445	2,741	4,438	100.1	99.9
15	2,725	3,960	4,235	5,208	2,612	4,048	97.2	96.3
20	2,716	4,053	4,177	5,442	2,530	3,984	98.6	97.8
25	2,633	3,883	3,911	5,138	2,446	3,813	96.6	95.8
30	2,580	3,832	3,705	5,039	2,381	3,786	101.3	101.7

（注）1．家賃単価は、家賃額を、住宅のうちの居住室畳数（廊下や便所を除いた面積を畳数で表したもの）で除したものである。
　　　2．消費者物価指数のうち、総合は持家の帰属家賃を含み、家賃は持家の帰属家賃を含んでいない。
　　　　（2015年を100とした指数表示）
　　　3．関東大都市圏は、平成5、10年は京浜葉大都市圏。
　　　4．近畿大都市圏は、平成15年以前は京阪神大都市圏。
　　　5．平成15年以降については、設備専用・共用の区別はない。
（資料）「住宅・土地統計調査」（総務省）

非木造＋2.6％と、全国の分野で家賃単価が上昇した。

　借家の新旧及び入居時期と家賃単価との関係に着目し、同じ平成28〜30年9月に入居した住宅で、建築時期が昭和56〜平成2年のものと平成28〜30年9月のもので1畳当たりの家賃単価を比べると、全国で木造が778円、非木造が826円、新しいものの方が上回っている。一方、昭和56〜平成2年建築の住宅において、入居時期が平成28年〜30年9月のものは、昭和56〜平成2年の入居と比べて、全国で木造が490円、非木造が92円上回っている。民間借家については概ね、同じ入居時期では、古いものより新しいものが家賃単価が高く、同じ建築時期では入居時期が新しい方が家賃単価が高くなる傾向があることが分かる（図表6－15）。

　次に、公的賃貸住宅の家賃に着目すると、公営、公団・公社の賃貸住宅において、平成25年から平成30年の5年間に、1畳当たり家賃単価が全国の公営の賃貸住宅、全国の公団・公社の賃貸住宅はともに上昇している（図表6－16）。一方、最新建築、最新入居に限った公営・公団・公社における1畳当たり家賃単価は公営の賃貸住宅は上昇、公団、公社の賃貸住宅は下降している（図表6－17）。

　図表6－18は、所有関係別・地域別の住宅戸数をまとめたものであるが、全国に対する地域別の住宅戸数の割合は、平成30年に居住世帯のある住宅総数では、関東大都市圏31.6％、近畿大都市圏15.6％、民営借家では関東大都市圏36.2％、近畿大都市圏

図表6－14　民営借家の1畳当たり家賃（最新建築、最新入居）

（円／月・畳）

年	全　国		関東大都市圏		近畿大都市圏	
	木造設備専用	非木造	木造設備専用	非木造	木造設備専用	非木造
平成5	4,120	4,769	5,591	6,153	3,810	5,126
10	3,405	4,002	4,693	5,016	3,788	4,411
15	3,241	3,942	4,618	5,465	3,130	4,230
20	3,273	4,137	4,537	5,798	3,317	4,459
25	3,058	3,922	4,063	5,315	3,143	4,077
30	3,353	4,418	4,405	5,739	3,404	4,602

　（注）　1．関東大都市圏は、平成5、10年は京浜葉大都市圏。
　　　　　2．近畿大都市圏は、平成15年以前は京阪神大都市圏。
　　　　　3．平成15年以降については、設備専用・共用の区別はない。
　（資料）「住宅・土地統計調査」（総務省）

15.3％となっており、民営借家がより大都市圏に集中していることを示している。

図表6-15　建築（入居）時期別の民営借家居住世帯数と家賃単価

（千世帯、円／畳・月）

建築（入居）時期		全国		関東大都市圏		近畿大都市圏	
		世帯数	家賃単価	世帯数	家賃単価	世帯数	家賃単価
木造	昭和56～平成2年建築・入居	41	1,944	11	2,864	4	1,806
	昭和56～平成2年建築 （平成23年～25年9月入居）	117	2,434	44	3,497	7	2,171
	平成3～7年建築・入居	22	2,199	7	3,217	2	1,947
	平成8～12年建築・入居	26	2,239	7	3,218	2	1,864
	平成13～17年建築・入居	29	2,313	7	3,009	3	2,289
	平成18～22年建築・入居	49	2,563	12	3,520	4	2,399
	平成23～27年建築・入居	128	2,952	37	3,939	10	2,946
	平成28～30年建築・入居	124	3,212	36	4,292	9	3,263
非木造	昭和56～平成2年建築・入居	53	3,197	17	4,160	10	3,344
	昭和56～平成2年建築 （平成23年～25年9月入居）	362	3,289	130	4,222	63	3,193
	平成3～7年建築・入居	36	3,330	12	4,345	6	3,458
	平成8～12年建築・入居	57	3,334	18	4,037	10	3,507
	平成13～17年建築・入居	62	3,432	17	4,702	9	3,735
	平成18～22年建築・入居	113	3,954	33	5,274	17	4,774
	平成23～25年9月建築・入居	296	3,942	101	5,229	42	4,061
	平成28～30年建築・入居	324	4,115	104	5,403	49	4,366

（資料）　「平成30年住宅・土地統計調査」（総務省）

図表 6 ― 16　公共賃貸住宅の 1 畳当たり家賃

（円／畳・月）

年	全国		関東大都市圏		近畿大都市圏	
	公営	公団・公社	公営	公団・公社	公営	公団・公社
平成 5	1,187	2,614	1,525	2,994	1,325	2,565
10	1,178	2,956	1,580	3,409	1,345	2,895
15	1,127	3,181	1,518	3,755	1,274	2,890
20	1,122	3,391	1,504	4,001	1,256	2,947
25	1,120	3,449	1,427	3,954	1,320	2,964
30	1,156	3,526	1,449	3,979	1,355	3,010

（注）　1．関東大都市圏は、平成 5、10 年は京浜葉大都市圏。
　　　　2．近畿大都市圏は、平成 15 年以前は京阪神大都市圏。
（資料）「住宅・土地統計調査」（総務省）

図表 6 ― 17　公共賃貸住宅の 1 畳当たり家賃（最新建築、最新入居）

（円／畳・月）

年	全国		関東大都市圏		近畿大都市圏	
	公営	公団・公社	公営	公団・公社	公営	公団・公社
平成 5	1,236	3,999	1,551	5,111	1,065	4,265
10	1,320	3,488	1,690	4,054	1,353	3,470
15	1,341	4,686	2,072	5,076	1,039	3,828
20	1,217	4,736	1,443	5,262	1,342	3,881
25	646	4,657	1,289	4,934	1,554	7,875
30	925	3,122	2,154	3,389	1,180	2,970

（注）　1．関東大都市圏は、平成 5、10 年は京浜葉大都市圏。
　　　　2．近畿大都市圏は、平成 15 年以前は京阪神大都市圏。
（資料）「住宅・土地統計調査」（総務省）

図表 6 — 18　所有関係別・地域別の住宅戸数

全国　　　　　　　　　　　　　　　　　　　　　　　　　　　　　　　　　　　　　　（戸）

	居住世帯ある住宅総数	持家	借		家	
			公営	公団・公社	民営	給与住宅
平成 25 年	52,102,200	32,165,800	1,958,600	855,500	14,582,500	1,122,300
平成 30 年	53,616,300	32,801,500	1,922,300	747,200	15,295,300	1,099,900
増減	1,514,100	635,700	−36,300	−108,300	712,800	−22,400

関東大都市圏　　　　　　　　　　　　　　　　　　　　　　　　　　　　　　　　　　（戸）

	居住世帯ある住宅総数	持家	借		家	
			公営	公団・公社	民営	給与住宅
平成 25 年	16,165,700	9,087,700	431,400	483,000	5,088,100	379,500
平成 30 年	16,924,600	9,436,200	417,400	435,700	5,529,500	359,700
増減	758,900	348,500	−14,000	−47,300	441,400	−19,800

近畿大都市圏　　　　　　　　　　　　　　　　　　　　　　　　　　　　　　　　　　（戸）

	居住世帯ある住宅総数	持家	借		家	
			公営	公団・公社	民営	給与住宅
平成 25 年	8,267,700	4,917,900	421,800	216,400	2,298,100	134,400
平成 30 年	8,344,700	5,018,800	374,900	196,200	2,345,300	122,600
増減	77,000	100,900	−46,900	−20,200	47,200	−11,800

(注)　居住世帯のある住宅総数には、住宅所有関係不詳を含んでいる。

(資料)「住宅・土地統計調査」(総務省)

図表6―19　構造別・距離別の民営借家世帯数及び家賃単価（最新建築）

東京70キロ圏（上段：非木造、下段：木造）

（世帯、円／畳・月）

平成20年	～10km	10～20km	20～30km	30～40km	40～50km	50～60km	60～70km	計
世帯数	53,800	78,700	54,200	35,100	16,400	13,700	5,300	257,300
家賃	9,893	7,616	5,981	5,221	4,537	4,765	3,589	6,842
世帯数	3,000	18,700	14,600	12,100	7,300	3,900	2,800	62,500
家賃	8,429	6,365	5,071	4,208	3,697	3,424	3,032	4,889

平成25年	～10km	10～20km	20～30km	30～40km	40～50km	50～60km	60～70km	計
世帯数	36,300	62,700	43,100	27,500	14,400	7,300	2,300	193,700
家賃	8,083	6,254	5,563	4,379	4,384	3,382	3,340	6,070
世帯数	3,400	14,300	12,900	11,100	6,300	2,500	1,700	52,300
家賃	6,965	5,388	4,151	3,758	3,497	2,979	2,966	4,390

平成30年	～10km	10～20km	20～30km	30～40km	40～50km	50～60km	60～70km	計
世帯数	59,800	74,800	47,500	30,400	16,400	7,700	4,800	241,400
家賃	7,931	5,981	4,736	4,571	4,490	3,680	3,608	5,742
世帯数	5,300	19,000	14,400	11,200	7,400	3,300	2,500	63,300
家賃	6,242	4,989	4,602	3,842	3,664	3,300	2,974	4,412

大阪50キロ圏（上段：非木造、下段：木造）

（世帯、円／畳・月）

平成20年	～10km	10～20km	20～30km	30～40km	40～50km	計
世帯数	42,400	23,300	13,200	12,300	16,100	107,300
家賃	5,966	4,902	5,485	4,322	5,047	5,308
世帯数	2,200	2,800	1,400	2,100	3,100	11,600
家賃	3,596	3,248	3,357	3,112	3,130	3,265

平成25年	～10km	10～20km	20～30km	30～40km	40～50km	計
世帯数	27,200	13,800	8,100	4,100	11,300	64,300
家賃	5,018	4,069	4,223	3,889	4,992	4,600
世帯数	1,800	2,700	1,800	1,200	1,400	8,900
家賃	3,182	3,252	2,578	2,361	2,396	2,837

平成30年	～10km	10～20km	20～30km	30～40km	40～50km	計
世帯数	42,900	17,800	11,000	13,300	12,400	97,300
家賃	5,369	4,500	4,184	4,127	4,435	4,742
世帯数	3,400	3,000	2,000	2,600	1,900	12,900
家賃	3,668	3,231	3,275	3,926	3,668	3,530

（注）距離帯は、旧東京都庁と大阪市役所を中心としたもの。

◎家賃単価変動率（平成25年～30年、非木造）

東京70キロ圏

	～10km	～20km	～30km	～40km	～50km	～60km	～70km	計
上昇率	−1.9%	−4.4%	−14.9%	4.4%	2.4%	8.8%	8.0%	−5.4%

大阪50キロ圏

	～10km	～20km	～30km	～40km	～50km	計
上昇率	7.0%	10.6%	−0.9%	6.1%	−11.2%	3.1%

（資料）「住宅・土地統計調査」（総務省）

第 7 章

住宅政策の展望と課題

1．住生活基本法と住生活基本計画

　戦後の我が国の住宅政策は、公営住宅制度、日本住宅公団（現・独立行政法人都市再生機構）、住宅金融公庫（現・独立行政法人住宅金融支援機構）等による住宅及び住宅資金の直接供給のための政策手法を柱として、住宅建設計画法に基づく八次にわたる住宅建設五箇年計画の下で住宅の「量」の確保を図ることを通じて、深刻な住宅不足の解消や居住水準の向上等に一定の成果を上げてきた。（図表7－1）

　しかしながら、少子高齢化の急速な進行等の社会経済情勢の変化に伴い新たな課題への対応が求められる中で、住宅及び居住環境の「質」については未だ十分な水準とは言い難い状況にあり、また、住宅困窮者が多様化する中で、公平かつ的確な住宅セーフティネットの確保を図っていくことが求められている。

　このような状況を踏まえ、住宅及び住宅資金の直接供給のための政策手法について抜本的な改革が行われてきたところであり、その総仕上げとして、平成18年6月、住生活基本法が制定され、住宅セーフティネットの確保を図りつつ、健全な住宅市場を整備するとともに、国民の住生活の「質」の向上を図る政策への本格的な転換を図る道すじが示された。（図表7－2）

　さらに、平成18年9月、住生活基本法に基づき、同法に掲げられた基本理念や基本的施策を具体化し、それを推進していくための基本的な計画である住生活基本計画（全国計画）が策定された。（平成21年3月一部変更、平成23年3月全部変更、平成28年3月全部変更）

　住生活基本計画は、おおむね5年毎に見直すこととされており、社会資本整備審議会住宅宅地分科会における議論を踏まえ、令和3年3月19日に、新たな住生活基本計画を閣議決定した。（図表7－3）この新たな住生活基本計画は、令和3年度から令和12年度までを計画期間として今後10年間の新たな住宅政策の方向性を提示するものである。住宅政策の方向性を国民に分かりやすく示すことを基本的な方針として、「社会環境の変化」「居住者・コミュニティ」「住宅ストック・産業」の3つの視点から、社会環境の大きな変化や人々の価値観の多様化に対応した豊かな住生活を実現できるよう、取組を推進することとしている。

　まず、「社会環境の変化」の視点からは、「新たな日常」やDXの進展等に対応した

新しい住まい方の実現、激甚・頻発化する自然災害等に対応した安全な住宅・住宅地の形成と被災者の住まいの確保に向けた取組を推進することとしている。

次に、「居住者・コミュニティ」の視点からは、子どもを産み育てやすい住まいの実現や高齢者や住宅確保用配慮者が安心して暮らせる住まいの確保、セーフティネット機能の整備を推進することとしている。

さらに、「住宅ストック・産業」の視点からは、脱炭素社会の実現に向けた住宅循環システムの構築と良質な住宅ストックの形成を進めるとともに、空き家の状況に応じた適切な管理・除却・利活用の一体的推進、居住者の利便性や豊かさを向上させる住生活産業の発展に向けた取組を推進することとしている。

また、住生活基本法では、都道府県は、全国計画に即して、当該都道府県の区域内における住民の住生活の安定の確保及び向上の促進に関する目標や基本的施策、計画期間内における公営住宅の供給目標量等を内容とする都道府県計画を策定することとされており、全国計画が閣議決定されたことに伴い、順次変更がなされている。

今後、この新たな住生活基本計画を羅針盤として、住宅政策を着実に推進し、国民一人ひとりが真に豊かさを実感できる住生活の実現を図っていくこととしている。

図表７−１　住宅政策の制度的枠組みの変遷

○ 戦後まもなく公庫融資、公営住宅、公団住宅の主要政策手法３本柱を確立し、計画的かつ安定的な住宅供給を展開
○ 2000年代には、社会情勢の変化を踏まえ、新たな住宅政策に対応した制度的枠組み（住生活基本法・同計画）を構築

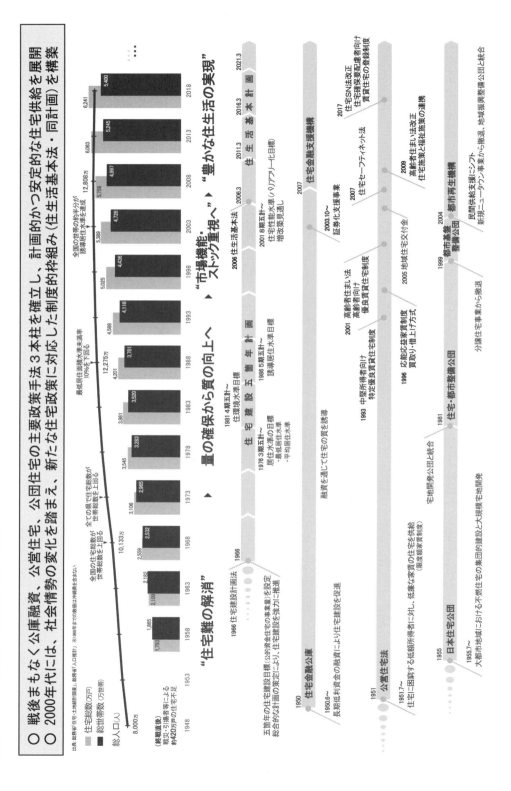

図表7－2　住生活基本法と住生活基本計画

住宅建設五箇年計画(昭和41年度より8次にわたり策定:8次目計画は平成17年度で終了)
◇5年ごとの公営・公庫・公団住宅の建設戸数目標を位置づけ

社会経済情勢の著しい変化
住宅ストックの量の充足、少子高齢化人口減少

新たな住宅政策への転換
住宅の「量の確保」から住生活の「質の向上」へ

住生活基本法の制定(平成18年6月)

国民の豊かな住生活の実現を図るため、住生活の安定の確保及び向上の促進に関する施策について、基本理念、国等の責務、住生活基本計画の策定等を定める。
(基本理念)
・現在及び将来の住生活の基盤となる良質な住宅の供給等
・住民が誇りと愛着を持つことのできる良好な居住環境の形成
・民間活力、既存ストックを活用する市場の整備と消費者利益の擁護及び増進
・低額所得者、高齢者、子育て家庭等の居住の安定の確保

「住生活基本計画(全国計画)」
住生活基本法(平成18年法律第61号)に基づき、平成18年9月に策定され、これまでに3度、おおむね5年ごとに変更。
(平成21年3月一部変更、平成23年3月全部変更、平成28年3月全部変更)

現行の住生活基本計画(全国計画)(令和3年3月閣議決定)　計画期間:令和3年度～12年度

(ポイント1)社会環境の変化を踏まえ、新たな日常や豪雨災害等に対応した施策の方向性を記載(目標1,2)
ー新たな日常に対応した、二地域居住等の住まいの多様化・柔軟化の推進
ー安全な住宅・住宅地の形成、被災者の住まいの早急な確保
(ポイント2)2050年カーボンニュートラルの実現に向けた施策の方向性を記載(目標6)
ー長期優良住宅やZEHストックの拡充、LCCM(ライフ・サイクル・カーボン・マイナス)住宅の普及を推進
ー住宅の省エネ基準の義務付けや省エネ性能表示に関する規制の更なる強化

図表7-3 住生活基本計画(全国計画)の概要

新たな住生活基本計画

住生活基本法制定
平成18年6月

住生活基本計画(全国計画)
[計画期間] 平成28年度～37年度

→ おおむね5年毎に見直し →

新たな住生活基本計画(全国計画)
[計画期間] 令和3年度～令和12年度

住生活をめぐる現状と課題

○世帯の状況
・子育て世帯数は減少。高齢者世帯数は増加しているが、今後は緩やかが増加となる見込みである。
・生活保護世帯や住宅扶助世帯数も増加傾向にある。

○気候変動問題
・IPCC(気候変動に関する政府間パネル)から「2050年前後に世界のCO_2排出量が正味ゼロであることが必要」との報告が公表。
・「2050年カーボンニュートラル、脱炭素社会の実現」を宣言し、対策が急務となっている。

○住宅ストック
・旧耐震基準や省エネルギー基準未達成の住宅ストックが多くを占めている。既存住宅流通は横ばいで推移している。
・居住目的のない空き家が増加を続ける中で、周辺に悪影響を及ぼす管理不全の空き家が本格化している。

○多様な住まい方、新しい住まい方
・働き方改革やコロナ禍を契機として、新しいライフスタイルや多様な住まい方への関心が高まっている。
・テレワーク等を活用した地方、郊外での居住、二地域居住など複数地域で住まいを実践する動きを本格化している。

○新技術の活用、DXの進展等
・5Gの整備や社会経済のDXが進展し、新しいサービスの提供や技術開発が進んでいる。
・住宅分野においても、コロナ禍を契機として、デジタル化やデジタル対応の顧客対応がデジタル化し、DXが急速に進展している。

○災害と住まい
・近年、自然災害が頻発・激甚化。あらゆる関係者の協働による流域治水の推進等、防災・減災に向けた総合的な取組が進んでいる。
・住まいの選択にあたっては、災害時の安全性のほか、医療福祉施設等の安全性や交通利便性等、周辺環境が重視されている。

○上記課題に対応するため、3つの視点から8つの目標を設定し、施策を総合的に推進

① 「社会環境の変化」の視点
目標1 新たな日常 DXの推進等
目標2 安全な住宅・住宅地の形成等

② 「居住者・コミュニティ」の視点
目標3 子どもを産み育てやすい住まい
目標4 高齢者等が安心して暮らせるコミュニティ等
目標5 セーフティネット機能の整備

③ 「住宅ストック・産業」の視点
目標6 住宅循環システムの構築等
目標7 空き家の管理・除却・利活用
目標8 住生活産業の発展

目標1
「新たな日常」やDXの進展等に対応した新しい住まい方の実現

(1) 国民の新たな生活観をかなえる居住の場の多様化及び生活状況に応じて住まいを柔軟に選択できる居住の場の柔軟化の実現
（基本的な施策）
○住宅内テレワークスペース等を確保し、職住一体・近接、在宅学習等の環境整備、宅配ボックスの設置等による非接触型の環境整備の推進
○空き家等の既存住宅活用を重視し、賃貸住宅の提供や物件情報の提供等を進め、地方、郊外、複数地域での居住を推進
○住宅性能の確保、紛争処理体制の整備などの既存住宅市場の整備。計画的な修繕や持家・借家の円滑な賃貸化など、子育て世帯等が安心して居住できる賃貸住宅市場の整備

(2) 新技術を活用した住宅の契約・取引プロセスのDX、住宅の生産・管理プロセスのDXの推進
（基本的な施策）
○持家・借家を含め、住宅に関する情報収集から物件説明、交渉、契約に至るまでの契約・取引プロセスのDXの推進
○AIによる設計支援や試行的なBIMの導入等による生産性の向上等、住宅の設計から建築、維持・管理に至る全段階におけるDXの推進
（成果指標）
・DX推進計画を策定し、実行した大手事業者の割合
0%（R2）→ 100%（R7）

目標2
頻発・激甚化する災害新ステージにおける
安全な住宅・住宅地の形成と被災者の住まいの確保

(1) 安全な住宅・住宅地の形成
（基本的な施策）
○ハザードマップの整備・周知等による水災害リスク情報の空白地帯の解消、不動産取引時における災害リスク情報の提供
○関係部局の連携強化により、地域防災計画、立地適正化計画等を踏まえ、豪雨災害等の危険性の高いエリアでの住宅立地を抑制
○災害の危険性等地域の実情に応じて、安全な立地に誘導するとともに、既存住宅の移転等を誘導
○住宅の耐震性の向上、住宅・市街地の耐震性の向上
○災害時にも居住継続が可能な住宅・住宅地のレジリエンス機能の向上

(2) 災害発生時における被災者の住まいの早急な確保
（基本的な施策）
○今ある既存住宅ストックの活用を重視して応急的な住まいを速やかに確保することを基本とし、公営住宅等の一時提供や賃貸型応急住宅の円滑な提供
○大規模災害の発生時等、地域に十分な既存住宅ストックが存在しない場合には、建設型応急住宅を迅速に設置し、被災者の応急的な住まいを早急に確保
（成果指標）
・地域防災計画等に基づき、ハード・ソフト合わせて住まいの出水対策に取り組む市区町村の割合
ー（R2）→ 5割（R7）

②「居住者・コミュニティ」の視点

目標3　子どもを産み育てやすい住まいの実現

(1) 子どもを産み育てやすく良質な住宅の確保

（基本的な施策）

○住宅の年収倍率の上昇等を踏まえ、時間に追われる若年世帯・子育て世帯の都心居住ニーズもかなえる住宅取得の推進

○駅近等の利便性重視に子育て世帯等に配慮し、利便性や規模等を総合的にとらえる住宅取得を推進。子どもの人数、生活状況等に応じた柔軟な住替えの推進

○民間賃貸住宅の計画的な維持修繕等により、良質で長期に使用できる民間賃貸住宅ストックの形成と賃貸住宅市場の整備

○防音性や省エネルギー性能、防災性、保育・教育施設等や医療施設等へのアクセスに優れた賃貸住宅の整備

(2) 子どもてしやすい居住環境の実現とまちづくり

（基本的な施策）

○住宅団地での建替え等における子育て支援施設や公園・緑地等、コワーキングスペースの整備など、職住や職育が近接する環境の整備

○地域のまちづくり方針と調和したコンパクトシティの推進とともに、建築協定や景観協定等を活用した良好な住環境や街なみ景観の形成等

（成果指標）

・民間賃貸住宅のうち、一定の断熱性能を有し遮音対策が講じられた住宅の割合

約1割(H30)→2割(R12)

目標4　多様な世代が支え合い、高齢者等が健康で安心して暮らせるコミュニティの形成と住まいづくり

(1) 高齢者、障害者等が健康で安心して暮らせる住まいの確保

（基本的な施策）

○改修（住替え、バリアフリー）情報の提供等、高齢期に備えた適切な住まい選びの総合的な相談体制の推進

○エレベーターの設置やバリアフリー性能やヒートショック対策等を備えた住宅の観点を踏まえた良好な温熱環境を備えた住宅の整備、リフォームの促進

○高齢者の健康管理や遠隔地からの見守り等のためのIoT技術等を活用したサービスを広く一般に普及

○サービス付き高齢者向け住宅等について、地域の需要や医療・介護サービスの提供体制を考慮した地方公共団体の適切な関与を通じての整備・情報開示を推進

(2) 支え合いで多世代が共生する持続可能で豊かなコミュニティの形成とまちづくり

（基本的な施策）

○住宅団地での建替え等における医療福祉施設、高齢者支援施設、孤独・孤立対策にも資するコミュニティスペースの整備等、地域で高齢者世帯が暮らしやすい環境の整備

○三世代同居や近居、身体・生活状況に応じた円滑な住替えを推進、家族やひとり親の支え合いで高齢者が健康で暮らし、多様な世代がつながり交流する、ミクストコミュニティの形成

（成果指標）

・高齢者の居住する住宅のうち、一定のバリアフリー性能及び断熱性能を有する住宅の割合

17%(H30)→25%(R12)

③ 「住宅ストック・産業」の視点

目標 6
脱炭素社会に向けた住宅循環システムの構築と良質な住宅ストックの形成

(1) ライフスタイルに合わせた柔軟な住替え等を可能とする既存住宅流通の活性化の確保

(基本的な施策)

○基礎的な性能等が確保された既存住宅の情報が購入者に分かりやすく提示される仕組みの改善 (安心R住宅、長期優良住宅) を行って購入物件の安心感を高める

○これらの性能が確保された既存住宅、紛争処理等の体制が確保された住宅、履歴等の整備された既存住宅等を重視して、既存住宅取得を推進

○既存住宅に関する瑕疵保険の充実や紛争処理体制の拡充等により、購入後の安心感を高めるための環境整備を推進

(2) 長寿命化に向けた適切な維持管理・修繕・修補、老朽化マンションの再生 (建替え・マンション敷地売却) の円滑化

(基本的な施策)

○長期優良住宅の維持保全計画の実施など、住宅の計画的な点検・修繕及び履歴情報の保存を推進

○耐震性・省エネルギー性・バリアフリー性能等を向上させるリフォームや建替えによる、良好な温熱環境を備えた良質な住宅ストックへの更新

○マンションの適正な管理や老朽化に関する基準の策定を推進、マンション管理の適正化や長寿命化、再生の円滑化を推進

(成果指標)

・既存住宅流通及びリフォームの市場規模

　12兆円 (H30)→14兆円 (R12)

・住宅性能に関する情報が明示された住宅の既存住宅流通に占める割合

　15% (R1)→50% (R12)

② 「居住者・コミュニティ」の視点

目標 5
住宅確保要配慮者 (低額所得者、高齢者、障害者、外国人等) の住まいの確保

(1) 住宅確保要配慮者 (低額所得者、高齢者、障害者、外国人等) の住まいの確保

(基本的な施策)

○住宅セーフティネットの中心的な役割を担う公営住宅の計画的な建替え等や、バリアフリー化や長寿命化等のストック改善の推進

○緊急的な状況にも対応できるセーフティネット登録住宅の活用を推進。地方公共団体のニーズに応じた賃貸低廉化等

○URR賃貸住宅については、現行制度となる以前からの継続居住者等の居住の安定に配慮し、地域の実情に応じて公営住宅やセーフティネットの中心的な役割を補う機能も果たしてきており、多様な世帯のニーズに応じた賃貸住宅の提供を進めるとともに、ストック再生を推進し、多様な世帯が安心して住み続けられる環境を整備

(2) 福祉政策と一体となった住宅確保要配慮者の入居・生活支援

(基本的な施策)

○住宅・福祉部局の一体的・ワンストップ対応による公営住宅・セーフティネット登録住宅や、生活困窮者自立支援、生活保護等に関する生活相談・支援体制の確保

○地方公共団体と居住支援協議会等が連携して、孤独・孤立対策の観点も踏まえ、住宅確保要配慮者に対する入居時のマッチング・相談、入居中の見守り・緊急対応等の実施

○賃借人の死亡時に残置物を処理できるような契約条項を普及啓発、多言語の入居手続に関する資料等を内容とするガイドライン等を周知

(成果指標)

・居住支援協議会を設立した市区町村の人口カバー率

　25% (R2)→50% (R12)

目標7
空き家の状況に応じた適切な管理・除却・利活用の一体的推進

(1) 空き家の適切な管理の促進とともに、周辺の居住環境に悪影響を及ぼす空き家の除却（基本的な施策）
○空き家等による適切な管理の促進。周辺の居住環境に悪影響を及ぼす管理不全空き家等の除却や特定空家等に係る対策の強化
○地方公共団体と地域団体等が連携し相談体制を強化し、空き家の発生抑制や空き家等の流通化の未然防止、除却等を推進
○所有者不明空き家等について、財産管理制度の活用等の取組を拡大

(2) 立地・管理状況の良好な空き家等の多様な利活用の推進（基本的な施策）
○空き家・空き地バンクを活用しつつ、古民家等の空き家等の改修・DIY等を進め、セカンドハウスやシェア型住宅等、多様な居住用・多地域居住を推進
○中心市街地等において、地方創生やコンパクトシティ施策等と一体となって、除却と合わせた敷地整序や、ランドバンクを通じた空き家・空き地の一体的な活用・売却等による総合的な整備を推進
○空き家の情報収集や調査研究活動、発信、広報活動を通じて空き家対策を行う民間団体等の取組を支援
（成果指標）
・市区町村の取組により除却等がなされた管理不全空き家数
9万物件（H27.5～R2.3）→20万物件（R3～12）

目標6
脱炭素社会に向けた住宅循環システムの構築と良質な住宅ストックの形成

(3) 世代をこえて既存住宅として取引される住宅ストックの形成（基本的な施策）
○2050年カーボンニュートラルの実現に向けて、
・長寿命でライフサイクルCO_2排出量が少ない長期優良住宅ストックやZEHストックを拡大
・ライフサイクルでCO_2排出量をマイナスにするLCCM住宅の評価と普及を推進
・住宅の省エネルギー基準の義務づけや省エネルギー性能表示に関する規制など更なる規制の強化
○住宅・自動車におけるエネルギーの共有・融通を図るV2H（電気自動車から住宅に電力を供給するシステム）の普及を推進
○炭素貯蔵効果の高い中高層住宅等の木造化等により、まちにおける炭素の貯蔵の促進
○宅事業者の省エネルギー性能向上に係る取組状況の情報を公表する仕組みの構築
し、消費者等に分かりやすく公表する仕組みの構築
（成果指標）
・住宅ストックのエネルギー消費量の削減率（平成25年度比）*

3%（H30）→18%（R12）

※2050年カーボンニュートラルの実現目標からのバックキャスティングの考え方に基づき、規制措置の強化やZEHの普及拡大、既存ストック対策の充実等に関するロードマップを策定

※地球温暖化対策計画及びエネルギー基本計画の見直しにあわせて、上記目標を見直すとともに、住宅ストックにおける省エネルギー基準適合割合及びZEHの供給割合の目標を追加

・認定長期優良住宅のストック数
113万戸（R1）→約250万戸（R12）

③ 「住宅ストック・産業」の視点

目標8
居住者の利便性や豊かさを向上させる
住生活産業の発展

(1)地域経済を支える裾野の広い住生活産業の担い手の確保・育成
（基本的な施策）
○大工技能者等の担い手の確保・育成について、職業能力開発等とも連携して推進。地域材の利用や伝統的な建築技術の継承、和の住まいを推進
○中期的に生産年齢人口が減少する中で、省力化施工、DX等を通じた生産性向上の推進
○CLT等の新たな部材を活用した工法等や中高層住宅等の新たな分野における木造技術の普及とこれらを担う設計者の育成等

(2)新技術の開発や新分野への進出等による生産性向上や海外展開等の環境整備を通じた住生活産業の更なる成長
（基本的な施策）
○AIによる設計支援やロボットを活用した施工の省力化等、住宅の設計・施工等に係る生産性や安全性の向上に資する新技術開発の促進
○住宅の維持管理等において、センサーやドローン等を活用した住宅の遠隔化検査等の実施による生産性の向上・安全性の向上
○官民一体となって我が国の住生活産業が海外展開しやすい環境の整備

大都市圏における住宅等の供給等及び宅地等の供給の促進

基本的な考え方

○大都市圏については、依然として長時間通勤等の解消、居住水準の向上、密集市街地の改善等の特有の課題が存在。

○このため、社会環境の変化に伴う多様な世代のライフスタイルに応じた居住ニーズの変化、良質な住宅・宅地ストックの形成・流通・管理・更新を考慮しつつ、それぞれの世帯が無理のない負担で良質な住宅を確保できるよう、住宅の供給等及び宅地等の供給の形成を図っていくことが必要。

○具体的には、以下のとおり、多様な世代がライフスタイルに応じて安心して暮らすことができる、良質な住宅・宅地ストックを活かした良好な居住環境の形成に配慮しながら、地域の属性に応じた施策を推進。

・都心の地域その他既成市街地内
土地の有効・高度利用・適正な管理、災害新ステージや「新たな日常」への対応、既存の公共公益施設の有効活用、生産性向上にも資する職住近接の実現等の観点から、建替えやリフォーム等を推進するとともに、良質な住宅・宅地ストックの流通や空き家等の有効利用を促進する。

・郊外型の新市街地開発
既に着手している事業で、自然環境の保全に配慮され、将来にわたって地域の資産となる良好な居住環境を備えた優良な市街地の形成が見込まれるものに厳に限定する。

成果指標一覧

目標1 「新たな日常」やDXの進展等に対応した新しい住まい方の実現

① DX推進計画を策定し、実行した大手住宅事業者の割合 【新規】
0%（R2）→ 100%（R7）

目標2 頻発・激甚化する災害新ステージにおける安全な住宅・住宅地の形成と被災者の住まいの確保

② 地域防災計画等に基づき、ハード・ソフト合わせて住まいの出水対策に取り組む市区町村の割合 【新規】
—（R2）→ 5割（R7）

③ 耐震基準（昭和56年基準）が求める耐震性を有しない住宅ストックの比率
13%（H30）→ おおむね解消（R12）

④ 危険密集市街地の面積及び地域防災力の向上に資するソフト対策の実施率
[面積] 約2,220ha（R2）→ おおむね解消（R12）
[地域防災力の向上に資するソフト対策]
約46%（R2）→ 100%（R7）

目標3 子どもを産み育てやすい住まいの実現

⑤ 民間賃貸住宅のうち、一定の断熱性能を有し遮音対策が調られた住宅の割合 【新規】
約1割（H30）→ 2割（R12）

⑥ 公的賃貸住宅団地（100戸以上）における地域医療福祉拠点化（250団地程度）を含む）
29%（R元）→ おおむね4割（R12）

目標4 多様な世代が支え合い、高齢者等が健康で安心して暮らせるコミュニティの形成とまちづくり

⑦ 高齢者の居住する住宅のうち、一定のバリアフリー性能及び断熱性を有する住宅の割合
17%（H30）→ 25%（R12）

⑧ 高齢者人口に対する高齢者向け住宅の割合
2.5%（H30）→ 4%（R12）

目標5 住宅確保要配慮者が安心して暮らせるセーフティネット機能の整備

⑨ 居住支援協議会を設立した市区町村の人口カバー率 【新規】
25%（R2）→ 50%（R12）

目標6 脱炭素社会に向けた住宅循環システムの構築と良質な住宅ストックの形成

⑩ 既存住宅流通及びリフォームの市場規模
12兆円（H30）→ 14兆円（R12）
→ 20兆円（長期的目標）

⑪ 住宅性能に関する情報等が明示された住宅の既存住宅流通に占める割合
15%（R元）→ 50%（R12）

⑫ 25年以上の長期修繕計画に基づく修繕積立金額を設定している分譲マンション管理組合の割合
54%（H30）→ 75%（R12）

⑬ 住宅ストックのエネルギー消費量の削減率（H25年度比）* 【新規】
3%（H30）→ 18%（R12）

※ 2050年カーボンニュートラルの実現目標からのバックキャスティングの考え方に基づき、規制措置の強化やZEHの普及拡大、既存ストックの省エネ化対策の充実等に関するロードマップを策定

※ 地球温暖化対策計画及びエネルギー基本計画の見直しにあわせて、上記目標を見直すとともに、住宅ストックにおける省エネルギー基準達成割合及びZEHの供給割合等の目標を追加

⑭ 認定長期優良住宅のストック数 【新規】
113万戸（R元）→ 約250万戸（R12）

目標7 空き家の状況に応じた適切な管理・除却・利活用の一体的推進

⑮ 市区町村の取組により除却等がなされた管理不全空き家数 【新規】
9万件（H27.5~R2.3）→ 20万物件（R3~12）

⑯ 居住目的のない空き家数*
349万戸（H30）→ 400万戸程度におさえる（R12）

※ 住宅・土地統計調査（総務省）における賃貸・売却用等以外の「その他」の空き家数

（参考1）住生活基本計画における「水準」について

「住宅性能水準」

居住者ニーズ及び社会的要請に応える
機能・性能を有する良好な住宅ストックを形成するための指針

1. 基本的機能
（1）居住室の構成・設備水準等、（2）共同住宅の共同施設

2. 居住性能【居住者の直接的なニーズへの対応】
（1）耐震性等、（2）防火性、（3）防犯性、（4）耐久性、（5）維持管理等への配慮、（6）断熱性等、
（7）室内空気環境、（8）採光等、（9）遮音性、（10）高齢者等への配慮、（11）その他

3. 外部性能【社会的要請への対応】
（1）環境性能（省エネルギー、地域材・再生建材の利用、建設・解体時の廃棄物の削減等）
（2）外観等（周辺との調和等）

「居住環境水準」

地域の実情に応じた良好な居住環境の
確保のための指針

（1）安全・安心　①地震・大規模火災に対する安全性、②自然災害に対する安全性、
　　③日常生活の安全性、④環境阻害の防止
（2）美しさ・豊かさ　①緑、　②市街地の空間のゆとり・景観
（3）持続性　①良好なコミュニティ・市街地の持続性、②環境負荷への配慮
（4）日常生活サービスへのアクセスのしやすさ
　　①高齢者・子育て世帯等の各種生活サービスへのアクセスのしやすさ、
　　②ユニバーサルデザイン
※地方公共団体が住生活基本計画を策定する際の住環境水準に関する指標（地域の実情に応じて設定）を例示

「居住面積水準」

			世帯人数別の面積（例）（単位：㎡）			
			単身	2人	3人	4人
最低居住面積水準	世帯人数に応じて、健康で文化的な住生活の基礎として必要不可欠な住宅の面積に関する水準（すべての世帯の達成を目指す）		25	30 【30】	40 【35】	50 【45】
最低居住面積水準	世帯人数に応じて、豊かな住生活の実現の前提として、多様なライフスタイルを想定した場合に必要と考えられる住宅の面積に関する水準	＜都市居住型＞ 都心とその周辺での共同住宅居住を想定	40	55 【55】	75 【65】	95 【85】
		＜一般型＞ 郊外や都市部以外での戸建住宅居住を想定	55	75 【75】	100 【87.5】	125 【112.5】

【　】内は、3～5歳児が1名いる場合

（参考2）住生活基本計画における成果指標の状況について

○耐震化の状況

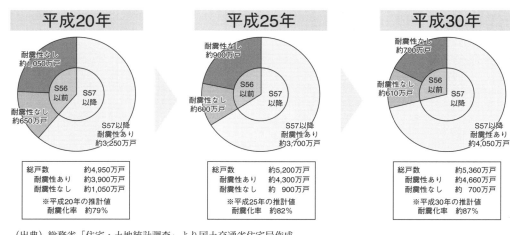

【耐震が不十分な住宅ストック（推計）】

総戸数	約4,950万戸
耐震性あり	約3,900万戸
耐震性なし	約1,050万戸

※平成20年の推計値
耐震化率　約79%

総戸数	約5,200万戸
耐震性あり	約4,300万戸
耐震性なし	約900万戸

※平成25年の推計値
耐震化率　約82%

総戸数	約5,360万戸
耐震性あり	約4,660万戸
耐震性なし	約700万戸

※平成30年の推計値
耐震化率　約87%

（出典）総務省「住宅・土地統計調査」より国土交通省住宅局作成

○バリアフリー化・ユニバーサルデザイン化の状況（ストックに対する割合）

		全体	持家	借家	高齢居住
住戸内 （専用部分）	A手すり（2ヶ所以上）	24.8%	34.2%	10.8%	34.8%
	B段差のない屋内	20.9%	26.2%	13.9%	21.5%
	C廊下幅が車椅子通行可	15.5%	20.1%	9.0%	20.0%
	ABCいずれかに対応	37.3%	48.5%	21.5%	45.8%
	A又はBに対応（一定対応）	34.6%	45.5%	19.2%	42.4%
	ABC全て対応（3点セット）	6.5%	8.5%	3.6%	8.8%
共用部分	D道路から玄関まで車椅子通行可　全体	12.0%	14.3%	9.3%	14.6%
	共同住宅	17.2%	41.3%	10.0%	26.2%

注1）「3点セット」は、AとBの2点のみを満たす回答標本であっても、相応の割合でCも満たしていることが考えられることを考慮し、一定の補正値を用いて推計。

注2）「高齢居住」欄は、65歳以上の者が居住する住宅における比率
（資料）総務省「平成30年住宅・土地統計調査」（一部特別集計）

○適切な修繕積立金のある管理組合の比率

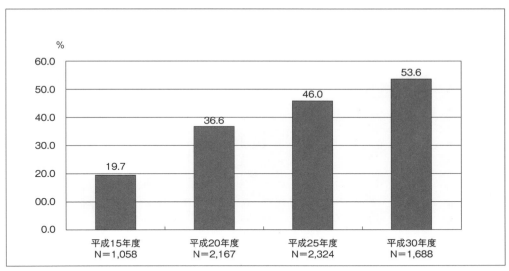

※計画期間25年以上の長期修繕計画に基づき修繕積立金の額を設定している割合
(資料) マンション総合調査 [国土交通省]

○住宅性能表示制度の実績 (2000 年度〜 2021 年度)

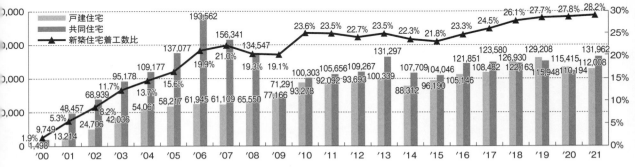

・令和2年度の実績は約22万6千戸、新設住宅の約27.8%が住宅性能表示制度を利用。

○減失住宅の平均築後年数と減失率の推移

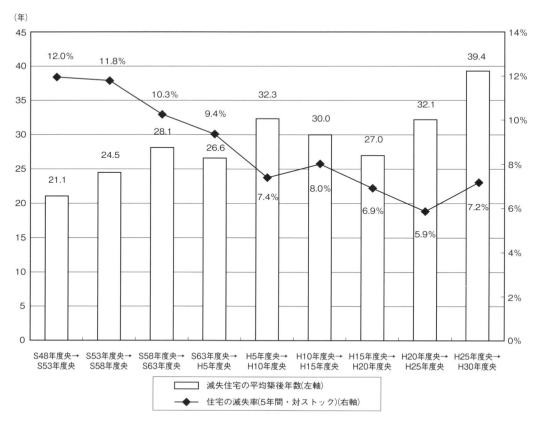

(年)

	減失住宅の平均築後年数(左軸)
◆	住宅の減失率(5年間・対ストック)(右軸)

(資料) 住宅・土地統計調査［総務省］より国土交通省で推計

2. 本格的な少子高齢化社会の到来

●高齢者等が安心して暮らすことができる居住環境の整備

　我が国の高齢化は急速に進んでおり、65歳以上の高齢者人口は、3,534万人（令和2年10月1日現在）となっており、総人口（1億2,615万人）に占める割合（高齢化率）は、28.0％となっている。

　今後の高齢化の推移を国立社会保障・人口問題研究所の「日本の将来推計人口」（令和5年4月推計、出生中位・死亡中位推計）でみると、平均寿命の伸長や低い出生率を反映して今後も上昇を続け、令和2年（2030年）には、高齢者人口は3,606万人となって、高齢化率は30％を超え、国民の4人に1人以上が65歳以上の高齢者という本格的な少子高齢社会が到来する（図表7－4）。

　特に、高度成長期に形成された核家族世帯が高齢期を迎えることにより、これらの子育てを終えた高齢者が単身または夫婦のみで生活する世帯の増加が予想される（図表7－5）。

　また、我が国の高齢化は、世界にも例をみない速度で進行し、65歳以上の高齢化人口比率が7％から14％に至るまでの所要年数によって比較すると、日本の24年に対し、フランス115年、アメリカ72年となっている（図表7－6）。

　今後、人生80年時代を迎え、子育て期が終了する50代以降の住生活の充実に向けた行動を支援するとともに、高齢期の身体機能の低下等に対応できるよう住宅のバリアフリー化の推進（図表7－7）、福祉施策との連携を図りつつ、サービス付き高齢者向け住宅（※）の供給促進などにより、高齢者の居住の安定を図る必要がある。

※高齢者の居住の安定を確保するため、バリアフリー構造等を有し、介護・医療と連携して、高齢者を支援するサービスを提供する「サービス付き高齢者向け住宅」の登録制度を創設した（図表7－8、7－9）。［公布：平成23年4月28日、施行：平成23年10月20日］

図表7－4　人口の将来推計

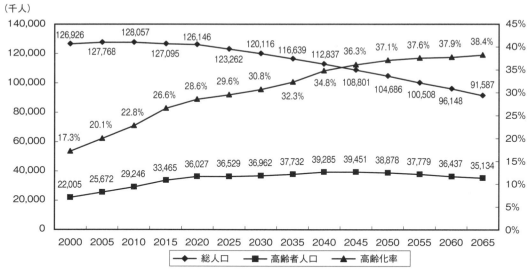

（資料）実績値：「国勢調査」（総務省）
　　　　推計値：「日本の将来推計人口（令和5年4月推計）」（国立社会保障・人口問題研究所）　［出生中位（死亡中位）
　　　　　　　　推計］

（参考）人口・世帯の将来推計

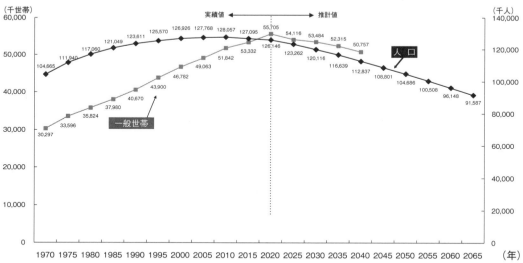

（資料）実績値：「国勢調査」（総務省）
　　　　推計値：「日本の将来推計人口（令和5年4月推計）」［出生中位（死亡中位）推計］（国立社会保障・人口問題研
　　　　　　　　究所）「日本の世帯数の将来推計（全国推計）（平成30年推計）」（国立社会保障・人口問題研究所）

図表7-5 高齢者世帯の推移

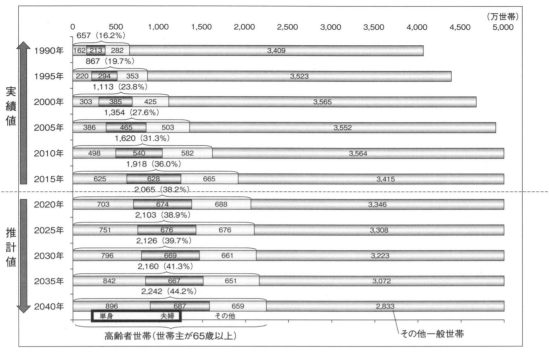

（資料）日本の世帯数の将来推計（全国推計）』（2018年1月推計）［国立社会保障・人口問題研究所］

（参考）世帯人員構成の推移

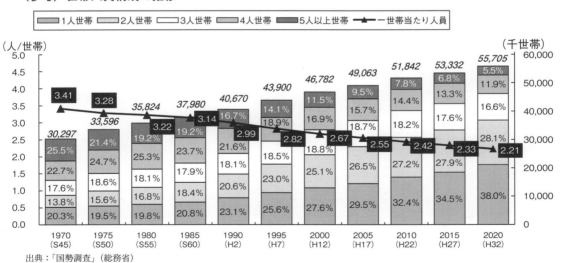

出典：「国勢調査」（総務省）

図表 7 ― 6　主要国の 65 歳以上人口割合：1950 ～ 2050 年

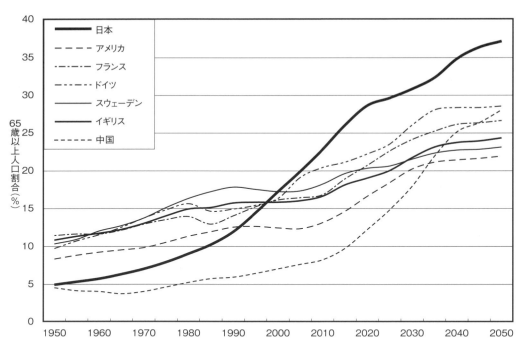

	平成 7（1995）	平成 17（2005）	平成 27（2015）	倍化年数（高齢化率 7 %→14 %）	
日　　本	14.4%	19.9%	26.0%	24 年間	(1970 年→1994 年)
アメリカ	12.6%	12.3%	14.6%	72	(1942 年→2014 年)
フランス	15.2%	16.4%	18.9%	115	(1864 年→1979 年)
ド　イ　ツ	15.4%	19.1%	21.1%	40	(1932 年→1972 年)
スウェーデン	17.5%	17.3%	19.6%	85	(1887 年→1972 年)
イギリス	15.8%	16.0%	18.1%	46	(1929 年→1975 年)
中　　国	6.4%	7.6%	9.7%	23	(2001 年→2023 年)

◆出典
高齢化率：UN, World Population Prospects: The 2017 Revision＞date＞Download Center＞Population by age both sexes
倍加年数：国立社会保障・人口問題研究所＞人口統計資料集（2023）＞表 2 ― 18　主要国の 65 歳以上人口割合別の到達年次とその倍化年数

図表 7 ― 7　バリアフリー化・ユニバーサルデザイン化の実施率（ストックに対する割合）

			全体	持家	借家	高齢居住
住戸内 （専用部分）	A 手すり（2 ヶ所以上）		24.8%	34.2%	10.8%	34.8%
	B 段差のない屋内		20.9%	26.2%	13.9%	21.5%
	C 廊下幅が車椅子通行可		15.5%	20.1%	9.0%	20.0%
	ABC いずれかに対応		37.3%	48.5%	21.5%	45.8%
	A 又は B に対応（一定対応）		34.6%	45.5%	19.2%	42.4%
	ABC 全て対応（3 点セット）		6.5%	8.5%	3.6%	8.8%
共用部分	D 道路から玄関ま で車椅子通行可	全体	12.0%	14.3%	9.3%	14.6%
		共同住宅	17.2%	41.3%	10.0%	26.2%

注 1）「3 点セット」は、A と B の 2 点のみを満たす回答標本であっても、相応の割合で C も満たしていることが考えられることを考慮し、一定の補正値を用いて推計。
注 2）「高齢居住」欄は、65 歳以上の者が居住する住宅における比率
（資料）総務省「平成 30 年住宅・土地統計調査」（一部特別集計）

図表7－8　サービス付き高齢者向け住宅の登録状況（R5.7 末時点）

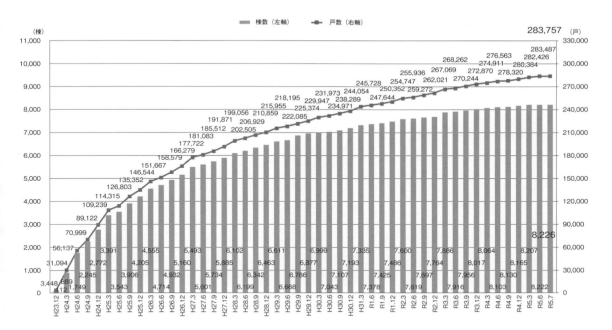

図表7－9　サービス付き高齢者向け住宅の都道府県別登録状況（R5.7 末時点）

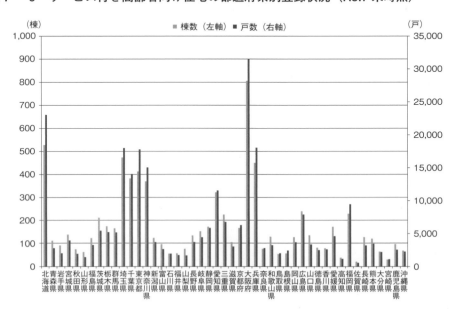

●高齢者世帯の居住状況

①　平成 30 年住宅・土地統計調査によれば、65 歳以上の世帯員（高齢者）のいる主世帯は、全国で 2,253 万世帯であり、主世帯総数 5,362 万世帯のうち約 40％を占めている。このうち高齢者単身主世帯（65 歳以上の単身者のみの世帯）は 638 万世帯、高齢者夫婦主世帯（夫婦ともに 65 歳以上、又はいずれか一方のみが 65 歳以上の夫婦の世帯）は 648 万世帯である（図表 7 － 10）。

②　高齢者のいる主世帯が居住する住宅は、主世帯全体と比べて、

・持家率が高い（図表 7 － 10）

・一戸建の割合が高く、共同住宅の割合が低い（図表 7 － 11）

③　住宅の高齢者や身体障害者などに配慮した住宅設備についてみると、どの建築年別でも「手すり」を設置している割合が高くなっている（図表 7 － 12）。

④　老後の住まい方については、「同居」を希望する割合が、平成 30 年では 11.6％であるが、20 年前の平成 10 年と比較して 6.3％減少している（図表 7 － 13）。

⑤　高齢者世帯の家計収支をみると、収入・支出ともに全体平均より少なく、収入に占める社会保障給付の割合が高くなっている。（図表 7 － 14）。

図表 7 ― 10　世帯の型、持借別の高齢者の居住する住宅数

（千戸、%）

	全国		
	総数	持家	借家
主世帯	53,616	32,802	19,065
		61.2%	35.6%
高齢者のいる主世帯	22,534	18,489	4,009
	42.0%	82.1%	17.8%
うち高齢者単身主世帯	6,380	4,225	2,137
	11.9%	66.2%	33.5%
うち高齢者夫婦主世帯	6,480	5,662	812
	12.1%	87.4%	12.5%

注1）高齢者夫婦主世帯とは、夫婦ともに 65 歳以上、又はいずれか一方のみ
　　　が 65 歳以上の夫婦の主世帯。
注2）総数列中の割合は、主世帯総数に対する割合。また持家、借家列中の割
　　　合は、各行の総数に対する割合を示す。
資料：「平成 30 年住宅・土地統計調査」（総務省）

図表 7 ― 11　世帯の別住宅の建て方別割合

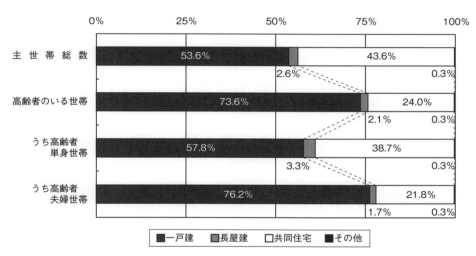

資料：「平成 30 年住宅・土地統計調査」（総務省）

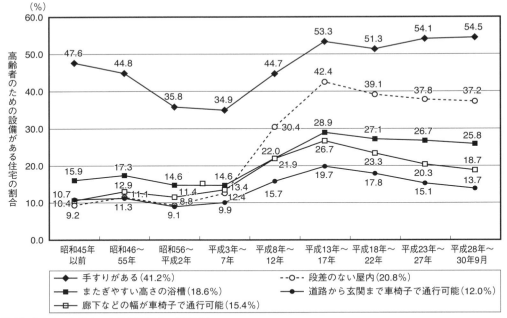

図表7―12　高齢者のための設備等のある住宅の割合（住宅の建築時期）

凡例:
- 手すりがある（41.2%）
- またぎやすい高さの浴槽（18.6%）
- 廊下などの幅が車椅子で通行可能（15.4%）
- 段差のない屋内（20.8%）
- 道路から玄関まで車椅子で通行可能（12.0%）

（資料）「平成30年住宅・土地統計調査」（総務省）

図表7―13　高齢期における子との住まい方の意向

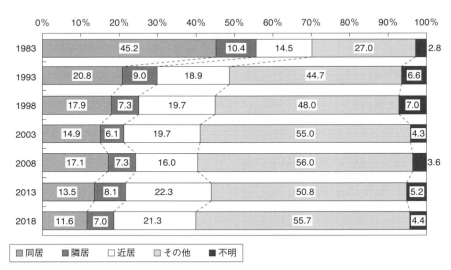

凡例: 同居　隣居　近居　その他　不明

注）同　居：「子と同居する（二世帯住宅を含む）」
　　隣　居：2008年以前は、「子と同一敷地内、または同一住棟（長屋建・共同住宅）の別の住宅に住む」
　　　　　　2018年は、「子と同じ敷地内の別の住宅に住む、または同じ住棟内の別の住戸に住む」
　　近　居：2003年以前は、「子のすぐ近く（歩いて10分以内）に住む」＋「子と同一市区町村内に住む」
　　　　　　2008年以降は、「徒歩5分程度の場所に住む」＋「片道15分未満の場所に住む」＋「片道1時間
　　　　　　未満の場所に住む」
　　その他：2008年以前は、「こだわりはない」＋「子はいない」＋「わからない」
　　　　　　2018年は、「特にこだわりはない」＋「子はいない」＋「その他」
　　資料：国土交通省「住生活総合調査」（平成30年、平成25年、平成20年）、「住宅需要実態調査」（平成15年以前）

図表 7 ― 14　世帯主が 60 歳以上の世帯の 1 ケ月の家計収支

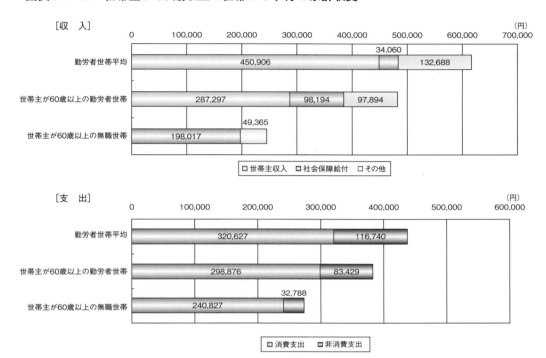

［収　入］

	世帯主収入	社会保障給付	その他
勤労者世帯平均	450,906	34,060	132,688
世帯主が60歳以上の勤労者世帯	287,297	98,194	97,894
世帯主が60歳以上の無職世帯	198,017	49,365	

□世帯主収入　□社会保障給付　□その他

［支　出］

	消費支出	非消費支出
勤労者世帯平均	320,627	116,740
世帯主が60歳以上の勤労者世帯	298,876	83,429
世帯主が60歳以上の無職世帯	240,827	32,788

□消費支出　□非消費支出

資料「家計調査（令和 4 年）」（総務省）

3．都心居住の現況

　経済成長期においては、地価の上昇に伴って大都市地域の住宅地が遠隔化した結果、大都市地域の勤労者の通勤時間は長時間化し、このことが居住水準の改善の遅れとあわせて豊かな住生活を実感できない大きな理由となってきた。また、地価上昇により住宅地から業務地への転用が進んだ結果、都心地域の定住人口が減少し、居住空間としての空洞化の進行、コミュニティの崩壊等が問題になってきた。

　今後、都市の住生活の向上を図るためには、都心において安全で良好な市街地環境の下で集住できるようにすることが必要となってくる。ここでは、都心居住の例として東京都区部における居住状況を見てみよう。

①　東京都区部における居住形態をみると、共同住宅が全体の約7割を占めており、そのうち、非木造共同建ての借家が全体の約4割と最も多い（図表7－15）。また世帯規模では、1人・2人世帯の割合が約7割を占めており、全国と比べて高い（図表7－16）。

　また、入居時期をみると、入居から8年経過していない世帯は全国、東京特別区部ともに約2割となっている（図表7－17）。

②　東京都区部における民間新築分譲マンション1戸当たりの平均価格は8,236万円、平均専有面積は64.0 m²となっている。1 m²当たりの価格が128.8万円/m²と他地域より格段に高く、70 m²換算の住宅価格の年収倍率は10.0倍となっている（図表7－18）。

③　首都圏におけるマンションは、平成11年より供給戸数が大幅に伸び、8万戸を越える供給戸数を継続していたが、平成17年以降減少に転じ、平成21年には3.6万戸まで減少した。その後は持ち直し、4.5万戸前後で推移した。また、平成25年には、供給の中心である都区部の大幅増加により5.6万戸となったものの、消費税率引き上げに伴う駆け込み需要の反動減の影響により、平成26年は4.5万戸となった。平成27年は、人件費を中心とした施工費の上昇による価格上昇の影響で、4.0万戸となり、平成28年は、販売価格の高止まりにより、エンドユーザーの動きが鈍くなり、業者が販売を絞る動きが広がったため、3.6万戸と3年連続の減少となった。その後、平成30年まで同水準で推移した後、令和元年は3.2万戸、令和2年は新型コロナウイルス感染症拡大の影響等により、バブル崩壊後の平成4年（2.7万

戸）以来の低水準となる 2.7 万戸と減少が続いたが、令和 3 年は 3.3 万戸と大きく落ち込んだ前年からは回復し、3 年ぶりの増加となった。しかし、令和 4 年度は、令和 2 年度は上回ったものの、3.0 万戸と 2 年ぶりの減少となった（図表 7 － 19）。

図表 7 － 15 所有形態別建て方別構造別住宅数（東京特別区部）

	持家			借家		
	一戸建	長屋建	共同住宅	一戸建	長屋建	共同住宅
木造	16.1%	0.6%	1.1%	0.9%	0.3%	6.9%
非木造	2.5%	0.2%	21.0%	0.1%	0.1%	43.5%

（資料）「平成 30 年住宅・土地統計調査」（総務省）

図表 7 － 16 世帯人員別の主世帯の構成

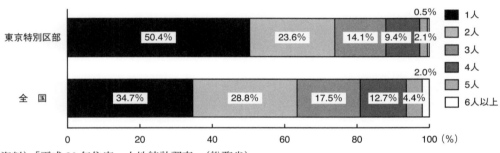

（資料）「平成 30 年住宅・土地統計調査」（総務省）

図表 7 － 17 入居時期別の主世帯の構成

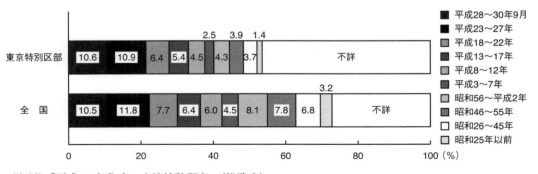

（資料）「平成 30 年住宅・土地統計調査」（総務省）

図表7－18　分譲マンションの供給状況（令和4年）

	東京都区部	首都圏	大阪市	近畿圏
供給戸数	10,797戸	29,569戸	7,167戸	17,858戸
1戸当たりの価格	8,236万円	6,288万円	4,654万円	4,635万円
1戸当たりの専有面積	64.0 m²	66.1 m²	50.9 m²	59.9 m²
1 m²当たり価格	128.8万円	95.1万円	91.4万円	77.4万円
平均年収	898万円	830万円	725万円	765万円
70 m²換算の住宅価格	9,016万円	6,657万円	6,398万円	5,418万円
70 m²換算の年収倍率	10.0倍	8.0倍	8.8倍	7.1倍

(資料)「全国マンション市場動向」(㈱不動産経済研究所)
　　　　首都圏：(東京都、埼玉県、千葉県、神奈川県)
　　　　近畿圏：(大阪府、兵庫県、奈良県、京都府、滋賀県、和歌山県)
　　　　「家計調査・貯蓄負債編」(総務省)：令和4年平均　二人以上の世帯のうち勤労者世帯
　　　　ただし、平均年収については、家計調査の下記データを採用している。
　　　　首都圏：地方・関東
　　　　近畿圏：地方・近畿

(参考)　三大都市圏都心部の住宅建設戸数の推移

(単位：戸)

年度	25	26	27	28	29	30
東京23区	110,892 (11.2%)	107,639 (12.2%)	107,407 (11.7%)	120,220 (12.3%)	109,741 (11.6%)	114,614 (12.0%)
大阪市	29,266 (3.0%)	29,314 (3.3%)	33,040 (3.6%)	31,174 (3.2%)	31,420 (3.3%)	39,143 (4.1%)
名古屋市	23,990 (2.4%)	20,064 (2.3%)	23,766 (2.6%)	25,218 (2.6%)	25,890 (2.7%)	29,931 (3.1%)
3大都市合計	164,148 (16.6%)	157,017 (17.8%)	164,213 (17.8%)	176,612 (18.1%)	167,051 (17.7%)	183,688 (19.3%)
全国総着工戸数	987,254	880,470	920,537	974,137	946,396	952,936

年度	元	2	3	4
東京23区	108,703 (12.3%)	105,575 (13.0%)	105,999 (12.2%)	107,176 (12.5%)
大阪市	30,605 (3.5%)	28,142 (3.5%)	32,718 (3.8%)	36,686 (4.3%)
名古屋市	26,291 (3.0%)	22,333 (2.7%)	26,701 (3.1%)	24,384 (2.8%)
3大都市合計	165,599 (18.7%)	156,050 (19.2%)	165,418 (19.1%)	168,246 (19.5%)
全国総着工戸数	883,687	812,164	865,909	860,828

(資料)：「住宅着工統計」(国土交通省)
　　　　上段：住宅建設戸数
　　　　下段：全国着工戸数に占める割合

図表7―19　首都圏におけるマンション供給戸数の推移

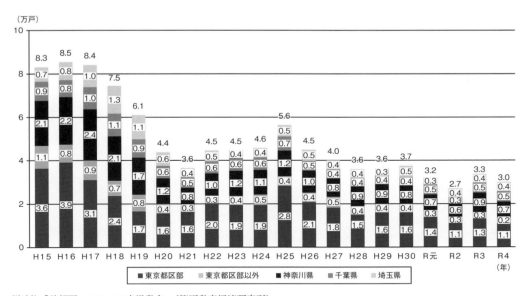

（資料）「首都圏マンション市場動向」（㈱不動産経済研究所）

第 8 章

わが国の政策金融と住宅税制

1. 住宅金融市場の現状

●住宅金融市場の規模は約 216 兆円

① 令和 4 年度末、住宅金融市場における住宅ローン貸出残高は約 215.9 兆円となっている（図表 8 − 1）。

② 令和 4 年度中の住宅ローンの新規貸出額は、約 20.7 兆円となっている（図表 8 − 2）。

③ 住宅の購入・建築に対し、金利引き下げや税制優遇措置などの住宅取得支援措置もあって、平成 23 年度以降住宅ローンの貸出残高は伸びてきている。一方新規貸出額は、平成 26 年度は消費税率引き上げに伴う駆け込み需要の反動減の影響により、減少した。平成 27 年度は駆け込み需要の反動減からの回復、平成 28 年度は、金利の低下により増加となったが、平成 29 年度は、着工戸数の減少などもあり 3 年ぶりの減少となった。平成 30 年度も減少傾向で推移したが、令和元年度以降はゆるやかには増加している（図表 8 − 1、2）。

④ 個人の持家住宅建築主について、資金調達先別の資金構成比をみたのが、図表 8 − 3 である。借入金の公的金融機関の割合は 1.2％となっている。なお、民間金融機関の割合は 67.3％である。

図表 8 － 1　住宅ローン残高の推移

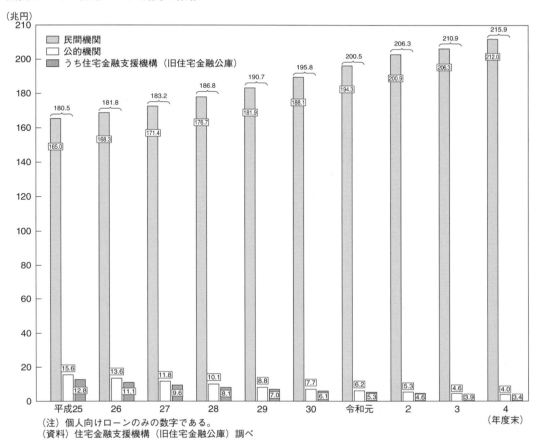

（注）個人向けローンのみの数字である。
（資料）住宅金融支援機構（旧住宅金融公庫）調べ

図表 8 － 2　住宅ローン新規貸出額の推移

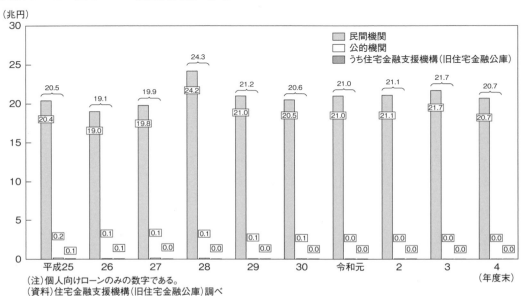

（注）個人向けローンのみの数字である。
（資料）住宅金融支援機構（旧住宅金融公庫）調べ

図表８－３　一戸当たり住宅建築資金に占める調達先別資金割合

（単位：％）

資金内訳	調査種別 調査年度	個人持家住宅												
		平成22	23	24	25	26	27	28	29	30	令和元	2	3	4
自己資金	預 貯 金 等	31.6	31.9	28.3	27.6	30.9	25.7	22.8	21.1	21.1	18.9	17.8	17.3	19.9
	不 動 産 売 却	2.3	2.1	4.4	3.9	3.7	1.4	2.0	2.5	2.2	2.2	2.6	2.7	4.0
	贈 与 ・ 相 続	3.5	6.6	4.9	4.8	5.6	4.4	5.7	3.9	3.9	4.5	5.3	6.4	3.9
	そ の 他	4.0	1.9	2.8	1.9	1.7	2.3	1.2	2.0	1.5	1.6	1.1	1.6	2.1
	計	41.4	42.5	40.3	38.2	41.9	33.8	31.8	29.5	28.8	27.2	26.8	28.1	29.9
借入金	親 戚 等	0.8	1.3	0.8	0.9	0.5	1.0	0.8	0.8	0.7	0.5	0.0	0.3	0.4
	公 的 金 融 機 関	1.8	1.5	1.9	2.0	1.4	1.5	1.0	1.4	1.4	2.3	1.2	0.9	1.2
	勤 務 先	1.5	0.8	0.2	1.1	0.7	0.3	0.5	0.0	0.5	0.2	0.4	0.5	0.3
	民 間 金 融 機 関	54.5	53.8	56.7	57.5	55.5	63.3	65.9	68.3	68.5	69.6	71.4	69.9	67.3
	そ の 他	0.0	0.1	0.1	0.2	0.1	0.1	0.0	0.0	0.1	0.2	0.1	0.3	0.9
	計	58.6	57.5	59.7	61.7	58.1	66.2	68.2	70.5	71.2	72.8	73.2	71.9	70.1
合 計		100.0	100.0	100.0	100.0	100.0	100.0	100.0	100.0	100.0	100.0	100.0	100.0	100.0

（資料）「住宅市場動向調査」（国土交通省）

（参考）令和４年度住宅市場動向調査（国土交通省）より

①民間金融機関への住宅ローン申込　　　　　　（単位：％）

	全国※	首都圏	中京圏	近畿圏
注文住宅	70.2	71.5	71.4	61.0
分譲住宅	74.7	71.5	77.5	80.6
中古住宅	50.2	51.9	57.4	41.8
リフォーム住宅	4.3	5.1	2.2	3.9

②住宅ローンを申し込んだ人のうち、希望融資額を断られた経験のある人
（単位：％）

	全国※	首都圏	中京圏	近畿圏
注文住宅	16.3	22.1	9.2	13.9
分譲住宅	9.3	9.2	8.8	10.0
中古住宅	20.3	19.2	23.2	17.2
リフォーム住宅	13.5	17.0	8.9	6.3

③希望融資額の融資を受けられなかった資金の調達方法
（単位：％）

	全国※	
	自己資金	他金融機関
注文住宅	27.3	13.6
分譲住宅	60.0	20.0
中古住宅	48.6	16.2
リフォーム住宅	33.3	66.7

※分譲住宅、リフォーム住宅の調査対象地域は全国ではなく、三大都市圏での調査。

図表8—4 住宅ローン金利等の推移

(%)

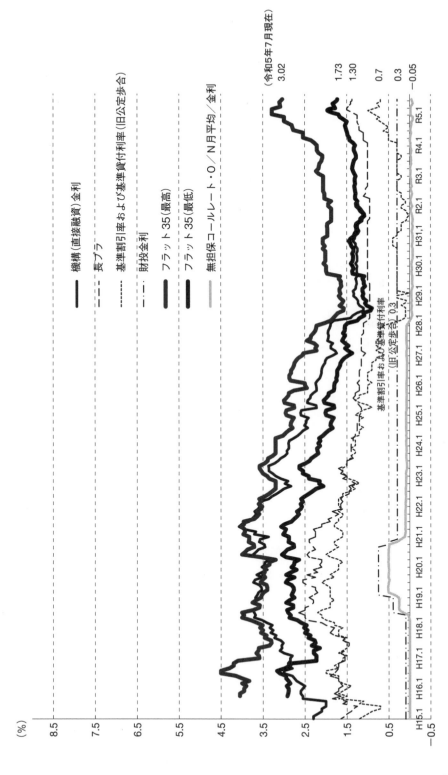

157

2．長期固定ニーズと住宅金融の支援

●長期固定金利の住宅資金の安定供給

① 「特殊法人整理合理化計画」（平成13年12月閣議決定）等に基づき、住宅金融公
　庫は廃止され、平成19年4月1日から独立行政法人住宅金融支援機構に移行した。
② 新たな独立行政法人住宅金融支援機構は、住宅金融市場における長期固定金利の
　住宅ローンの供給を支援する証券化支援業務を柱とするほか、民間住宅ローンの円
　滑な供給を促進する住宅融資保険業務などを行う（図表8－5）。

図表8－5　証券化支援事業（買取型）のスキーム

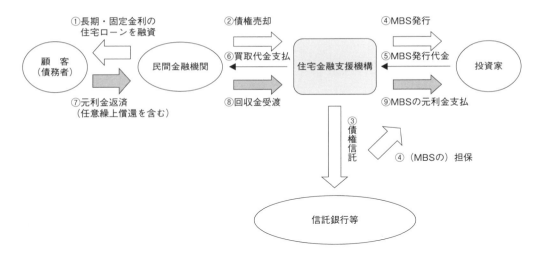

●民間住宅ローンの供給の実態

我が国の民間住宅ローンの供給実態は、変動金利の割合が6割前後となっている（図表8－6）。

図表8－6　長期固定金利の民間住宅ローン供給状況（新規貸出額）

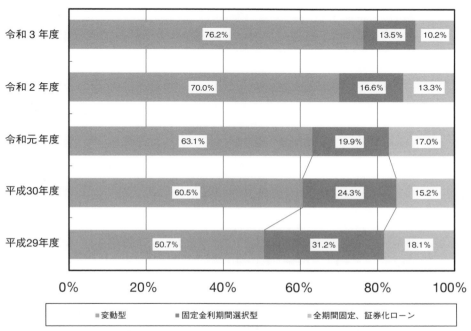

（資料）令和4年度「民間住宅ローンの実態に関する調査」（国土交通省）

●住宅取得を支援する全期間固定金利の「フラット35」

① 証券化支援によって、民間金融機関と住宅金融支援機構が提携して実現した長期固定金利の「フラット35」の実績は、令和5年3月末現在、約129万戸になっている（図表8－7）。

② 2021年度のフラット35利用者の資金計画は、注文住宅では建設費と土地取得費の合計の約8割、マンションでも同じく購入費の約8割がフラット35による借入資金で賄われ、残りが貯蓄（手持金）、フラット35以外の民間金融機関等からの借入金となっている（図表8－8）。

図表8－7　フラット35買取件数（累計）の推移

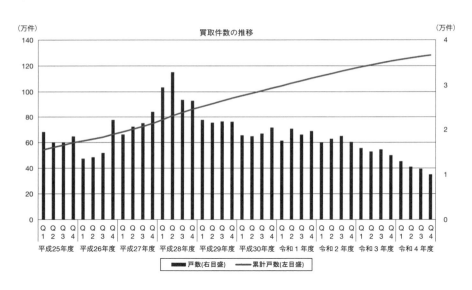

図表 8 — 8　フラット 35 利用者の資金調達内訳

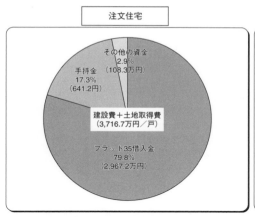

注文住宅

その他の資金
2.9%
（108.3万円）
手持金
17.3%
（641.2円）

建設費＋土地取得費
（3,716.7万円／戸）

フラット35借入金
79.8%
（2,967.2万円）

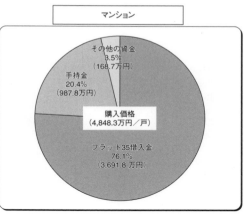

マンション

その他の資金
3.5%
（168.7万円）
手持金
20.4%
（987.8万円）

購入価格
（4,848.3万円／戸）

フラット35借入金
76.1%
（3,691.8 万円）

（注）注文住宅は、「注文住宅融資利用者」
資金調達構成は、建設費と土地取得費の合計を 100.0 とした場合の割合
（資料）「2022 年度フラット 35 利用者調査」住宅金融支援機構（旧住宅金融公庫）

3．わが国における現行の住宅税制の概要

◎**住宅税制の概要**　　　　（注）（☆）を付した部分は、令和5年度税制改正により改正されたもの。

1	住宅の取得に係る税制
(1) 所得税 　（国税） 　個人住民税 　（地方税）	○**住宅ローン減税**（租41、コロナ特例法6・6の2） 　住宅ローン等※を利用して住宅の新築、取得又は増改築等をした場合、最大13年間、毎年の住宅ローン等※の年末残高の0.7％を所得税額から控除（下表参照） ※住宅とともに取得する敷地の費用に充てるため住宅に係る借入金と一体となって借り入れた借入金も対象 〔個人住民税からの控除〕 　住宅ローン減税制度の最大控除額まで所得税額が控除されない者について、所得税から控除しきれない額を翌年の個人住民税から控除（上限9.75万円） 【新築住宅・買取再販住宅】（控除率0.7％） 【既存住宅】（控除率0.7％） 〈適用要件〉

【新築住宅・買取再販住宅】（控除率0.7％）

住宅の環境性能等	借入限度額		控除期間
	令和4、5年	令和6、7年	
長期優良住宅・低炭素住宅	5,000万円	4,500万円	13年間（※）
ZEH水準省エネ住宅	4,500万円	3,500万円	
省エネ基準適合住宅	4,000万円	3,000万円	
その他の住宅	3,000万円	0円（※）	

（※）令和6年以降に新築の建築確認を受けた「その他の住宅」は、住宅ローン減税の対象外（令和5年末までに新築の建築確認を受けた「その他の住宅」に令和6、7年に入居する場合は、借入限度額2,000万円・控除期間10年間）

【既存住宅】（控除率0.7％）

住宅の環境性能等	借入限度額	控除期間
	令和4〜7年入居	
長期優良住宅・低炭素住宅 ZEH水準省エネ住宅 省エネ基準適合住宅	3,000万円	10年間
その他の住宅	2,000万円	

〈適用要件〉
(1) 所得要件：2,000万円以下（※）
(2) 住宅の床面積要件：50㎡以上（※）
(3) 入居要件：住宅の取得又は工事完了から6ヶ月以内に入居
(4) 借入金の償還期間が10年以上であること
(5) 中古住宅を取得する場合の要件：次のいずれかを満たすもの
　（i）昭和57年1月1日以降に建築されたもの
　（ii）一定の耐震基準を満たしていることが次のいずれかの書類により証明されたもの（入居前に耐震改修工事を行い、一定の耐震基準を満たす場合も含む）
　　①建築士、指定確認検査機関、登録住宅性能評価機関又は住宅瑕疵担保責任保険法人が証する書類（耐震基準適合証明書）
　　②建設住宅性能評価書の写し（耐震等級が1、2又は3であるものに限る。）
　　③既存住宅売買瑕疵保険に加入していることを証する書類（既存住宅売買瑕疵保険付保証明書）
(6) 増改築等工事の要件：
　工事費100万円超及び増改築工事後の床面積が50㎡以上となる工事
　※耐震改修工事を含む。
(7) 譲渡損失の繰越控除との併用可
(8) 住宅ローン減税の適用を受けていた者が、転勤等やむを得ない事情により一時転出し、その後再び入居した場合についても、再適用が可能
(9) 住宅を居住の用に供した年に、転勤等やむを得ない事情により転出し、その後、同一年の12月31日までに再び入居した場合についても、適用が可能
(10) 給与所得者等が使用者等から使用人である地位に基づいて貸付けを受けた場合の住宅借入金に係る利率：0.2％以上

（※）令和5年末までに建築確認を受けた、新築の住宅に入居する場合、40㎡以上（所得要件：1,000万円以下）

○認定長期優良住宅又は認定低炭素住宅の新築等をした場合の所得税額の特別控除（租 41 の 19 の 4）

長期優良住宅の普及の促進に関する法律に基づく認定を受けた長期優良住宅、都市の低炭素化の促進に関する法律に基づく認定を受けた低炭素住宅又は ZEH 水準省エネ住宅の新築等を行い、居住の用に供した場合には、標準的な性能強化費用相当額の 10% 相当額を、その年分の所得税額から控除（当該控除をしてもなお控除しきれない金額がある場合には、翌年分の所得税額から控除）

居住年	対象住宅	控除対象限度額	控除率	除限度額
平成 25 年 1 月〜平成 26 年 3 月	認定長期優良住宅	500 万円		50 万円
平成 26 年 4 月〜令和 3 年 12 月	認定長期優良住宅・認定低炭素住宅	650 万円	10%	65 万円
令和 4 年 1 月〜令和 5 年 12 月	認定長期優良住宅・認定低炭素住宅 ZEH 水準省エネ住宅			

※上表のうち平成 26 年 4 月から令和 3 年 12 月までの措置は、住宅取得等に係る消費税率が 8% 又は 10% である場合に限って適用される

※このため、消費税の経過措置により旧税率（5%）が適用される場合には、平成 26 年 4 月以降に居住する場合であっても、平成 25 年 1 月〜平成 26 年 3 月と同じ措置が適用される

〈適用要件〉
(1) 所得要件：3,000 万円以下
(2) 住宅の床面積要件：50㎡以上
(3) 入居要件：住宅の取得から 6 ヶ月以内に入居
(4) 住宅ローン減税と選択制。居住用財産の買換え等の特例との併用可。
(5) 適用期間：平成 21 年 6 月 4 日〜令和 5 年 12 月 31 日

(2) 贈与税
(国税)

○直系尊属から住宅取得等資金の贈与を受けた場合の贈与税の非課税（租 70 の 2）

満 18 歳以上の者が直系尊属から住宅取得等資金※の贈与を受けた場合、以下の金額の贈与まで贈与税を非課税（令和 4 年 1 月 1 日から令和 5 年 12 月 31 日までの贈与により住宅を取得等した場合に適用）
※先行取得する敷地の費用に充てるための資金も対象

贈与年	質の高い住宅	左記以外の住宅（一般）
令和 4 年 1 月〜令和 5 年 12 月	1,000 万円	500 万円

(注) 東日本大震災の被災者に適用される非課税限度額は以下のとおり。
質の高い住宅：1,500 万円、左記以外の住宅（一般）：1,000 万円
また、床面積の上限要件（240㎡）は引き続き課さない。

〈適用要件〉
(1) 受贈者の所得要件：2,000 万円以下（※）
(2) 住宅の床面積要件：50㎡以上 240㎡以下（※）
(3) 入居要件：贈与を受けた年の翌年の 3 月 15 日までに居住の用に供すること又は同日後遅滞なく居住の用に供することが確実であると見込まれること
(4) 中古住宅を取得する場合の要件：次のいずれかを満たすもの
(ⅰ) 昭和 57 年 1 月 1 日以降に建築されたもの
(ⅱ) 一定の耐震基準を満たしていることが次のいずれかの書類により証明されたもの（入居前に耐震改修工事を行い、一定の耐震基準を満たす場合も含む）
①建築士、指定確認検査機関、登録住宅性能評価機関又は住宅瑕疵担保責任保険法人が証する書類（耐震基準適合証明書）
②建設住宅性能評価書の写し（耐震等級が 1、2 又は 3 であるものに限る。）
③既存住宅売買瑕疵保険に加入していることを証する書類（既存住宅売買瑕疵保険付保証明書）
(5) 増改築等工事の要件
工事費 100 万円以上及び増改築工事後の床面積が 50㎡以上 240㎡以下（※）となる工事（耐震改修工事を含む）
(6) 適用期限：令和 5 年 12 月 31 日までの贈与
(※) 合計所得金額 1,000 万円以下の者は、床面積要件を 40㎡以上に緩和。

○住宅取得等資金に係る相続時精算課税の特例（租 70 の 3）

満 18 歳以上の者が親から住宅の新築、取得又は増改築等のための資金※の贈与を受けた場合、親の年齢が 60 歳未満であっても相続時精算課税制度を選択することが可能
※先行取得する敷地の費用に充てるための資金も対象

〈適用要件〉
(1) 受贈者の所得要件：なし
(2) 住宅の床面積要件：50㎡以上（※）
(3) 入居要件：贈与を受けた年の翌年の 3 月 15 日までに居住の用に供すること又は同日後遅滞なく居住の用に供することが確実であると見込まれること

		(4) 中古住宅を取得する場合の要件：次のいずれかを満たすもの （ⅰ）昭和57年1月1日以降に建築されたもの （ⅱ）一定の耐震基準を満たしていることが次のいずれかの書類により証明されたもの（入居前に耐震改修工事を行い、一定の耐震基準を満たす場合も含む） 　①建築士、指定確認検査機関、登録住宅性能評価機関又は住宅瑕疵担保責任保険法人が証する書類（耐震基準適合証明書） 　②建設住宅性能評価書の写し（耐震等級が1、2又は3であるものに限る。） 　③既存住宅売買瑕疵保険に加入していることを証する書類（既存住宅売買瑕疵保険付保証明書） (5) 増改築等工事の要件：工事費100万円以上及び増改築工事後の床面積が50㎡以上となる工事（※） 　　※耐震改修工事を含む。 (6) 適用期限：令和5年12月31日までの贈与 （※）合計所得金額1,000万円以下の者は、床面積要件を40㎡以上に緩和。
(3) 登録免許税 （国税）		【一般住宅】 ○住宅用家屋の所有権に係る登記の税率の軽減（租72の2、73） 　所有権の保存登記　本則税率：不動産価額の4/1,000 → 1.5/1,000に軽減 　所有権の移転登記　本則税率：不動産価額の20/1,000 → 3/1,000に軽減 ○住宅取得資金の貸付けに係る抵当権設定登記の税率の軽減（租75） 　　　　　　　　　　本則税率：債権金額の4/1,000 → 1/1,000に軽減 〈適用要件〉 (1) 住宅の床面積要件：50㎡以上 (2) 中古住宅を取得する場合の要件：次のいずれかを満たすもの （ⅰ）昭和57年1月1日以降に建築されたもの （ⅱ）一定の耐震基準を満たしていることが次のいずれかの書類により証明されたもの 　①建築士、指定確認検査機関、登録住宅性能評価機関又は住宅瑕疵担保責任保険法人が証する書類（耐震基準適合証明書） 　②住宅性能評価書の写し（耐震等級が1、2又は3であるものに限る。） 　③既存住宅売買瑕疵保険に加入していることを証する書類（既存住宅売買瑕疵保険付保証明書） (3) 適用期限：令和6年3月31日まで 【認定長期優良住宅】 ○認定長期優良住宅の保存登記等に係る税率の軽減（租74） 　所有権の保存登記　本則税率：不動産価額の4/1,000 → 1/1,000に軽減 　所有権の移転登記　本則税率：不動産価額の20/1,000 　　　　　　　　　　　　　　　→戸建2/1,000、マンション1/1,000に軽減 【認定低炭素住宅】 ○認定低炭素住宅の保存登記等に係る税率の軽減（租74の2） 　所有権の保存登記　本則税率：不動産価額の4/1,000 → 1/1,000に軽減 　所有権の移転登記　本則税率：不動産価額の20/1,000 → 1/1,000に軽減 〈適用要件〉（認定長期優良住宅・認定低炭素住宅共通） (1) 住宅の床面積要件：50㎡以上 (2) 適用期限：令和6年3月31日まで 　　（認定長期優良住宅に関する特例は平成21年6月4日から令和6年3月31日まで、認定低炭素住宅に関する特例は平成24年12月4日から令和6年3月31日まで） 【買取再販で扱われる住宅】 ○特定の増改築等がされた住宅用家屋の所有権の移転登記の税率の軽減（租74の3） 　所有権の移転登記　本則税率：不動産価額の20/1,000 → 1/1,000に軽減 〈適用要件〉 (1) 住宅の床面積要件：50㎡以上 (2) 工事に要した費用の総額が300万円を超えること、又は、売買価格に占める割合が20%を超えること (3) 築年数が10年以上であること (4) 宅地建物取引業者から当該家屋を取得したこと (5) 当該家屋を宅地建物取引業者から取得した日前2年以内に、当該宅地建物取引業者が当該家屋を取得したこと (6) 耐震性に関して、次のいずれかを満たすもの （ⅰ）昭和57年1月1日以後に新築されたもの （ⅱ）一定の耐震基準を満たしていることが次のいずれかの書類により証明されたもの 　①建築士、指定確認検査機関、登録住宅性能評価機関又は住宅瑕疵担保責任保険法人が証する書類（耐震基準適合証明書） 　②建設住宅性能評価書の写し（耐震等級が1、2又は3であるものに限る。） 　③既存住宅売買瑕疵保険に加入していることを証する書類（既存住宅売買瑕疵保険付保証明書）

	(7) 以下のいずれかの要件に該当する増改築等を行うこと 　（ⅰ）以下①〜⑥に該当する増改築等を行い、工事の合計額が100万円を超えること 　（ⅱ）50万円を超える、以下④、⑤、⑥のいずれかに該当する工事を行うこと 　（ⅲ）50万円を超える、以下⑦に該当する工事を行い、給水管、排水管又は雨水の浸入を防止する部分の瑕疵を担保する瑕疵保険に加入すること 　　①増築、改築、建築基準法上の大規模な修繕又は模様替 　　②マンションの場合で、床または階段・間仕切り壁・主要構造部である壁のいずれかのものの過半について行う修繕又は模様替 　　③家屋の一室（居室・調理室・浴室・便所・洗面所・納戸・玄関・廊下のいずれか）の床又は壁の全部についての修繕又は模様替 　　④一定の耐震改修工事 　　⑤一定のバリアフリー改修工事 　　⑥一定の省エネ改修工事 　　⑦給排水管・雨水の浸入を防止する部分に係る工事 (8) 適用期間：平成26年4月1日から令和6年3月31日
(4) 不動産取得税 　　（都道府県税）	【一般住宅】 ○住宅の取得に係る課税の特例 　①課税標準の控除（地73の14） 　（Ⅰ）新築住宅　1戸につき1,200万円を課税標準から控除 　〈適用要件〉 　　住宅の床面積要件：50㎡（共同貸家住宅：40㎡）以上240㎡以下 　（Ⅱ）既存住宅　既存住宅の築年月日に応じて、課税標準から以下の額を控除 　　平成9年4月1日〜：1,200万円 　　平成元年4月1日〜平成9年3月31日：1,000万円 　　昭和60年7月1日〜平成元年3月31日：450万円 　　昭和56年7月1日〜昭和60年6月30日：420万円 　　昭和51年1月1日〜昭和56年6月30日：350万円 　　昭和48年1月1日〜昭和50年12月31日：230万円 　　昭和39年1月1日〜昭和47年12月31日：150万円 　　昭和29年7月1日〜昭和38年12月31日：100万円 　〈適用要件〉 　(1) 住宅の床面積要件：50㎡以上240㎡以下 　(2) 築後経過年数等要件：次のいずれかを満たすもの 　　（ⅰ）昭和57年1月1日以後に新築されたもの 　　（ⅱ）一定の耐震基準を満たしていることが次のいずれかの書類により証明されたもの（入居前に耐震改修工事を行い、一定の耐震基準を満たす場合も含む） 　　　①建築士、指定確認検査機関、登録住宅性能評価機関又は住宅瑕疵担保責任保険法人が証する書類（耐震基準適合証明書） 　　　②建設住宅性能評価書の写し（耐震等級が1、2又は3であるものに限る。） 　　　③既存住宅売買瑕疵保険に加入していることを証する書類（既存住宅売買瑕疵保険付保証明書） 　(3) 居住要件：取得した個人の自己所有（過去に人の居住の用に供されたことのない住宅も対象） 　②軽減税率（地附11の2）（本則税率：4％→3％に軽減） 　　適用期間：平成18年4月1日から令和6年3月31日 ○住宅用地の取得に係る課税の特例（地73の24） 　新築住宅又は一定の耐震基準を満たす既存住宅（入居前に耐震改修工事を行う場合も含む）を取得した場合、税額から次のいずれか多い額を控除 　（ⅰ）150万円×税率 　（ⅱ）住宅床面積の2倍（200㎡を限度）の土地価格×税率 【認定長期優良住宅】 ○認定長期優良住宅に対する課税標準の特例（地附11⑧） 　1戸につき1,300万円を価格から控除 〈適用要件〉 　(1) 床面積要件：50㎡（共同貸家住宅：40㎡）以上240㎡以下 　(2) 適用期間：平成21年6月4日から令和6年3月31日 【買取再販で扱われる住宅】 ○買取再販で扱われる住宅の取得に係る不動産取得税の特例 　（地附11の4②、④）（☆） （住宅部分） 既存住宅の築年月日に応じて、以下の額に税率を乗じて得た額を減額。

　　　　　　平成 9 年 4 月 1 日～：1,200万円
　　　　　　平成元年 4 月 1 日～平成 9 年 3 月31日：1,000万円
　　　　　　昭和60年 7 月 1 日～平成元年 3 月31日：450万円
　　　　　　昭和56年 7 月 1 日～昭和60年 6 月30日：420万円
　　　　　　昭和51年 1 月 1 日～昭和56年 6 月30日：350万円
　　　　　　昭和48年 1 月 1 日～昭和50年12月31日：230万円
　　　　　　昭和39年 1 月 1 日～昭和47年12月31日：150万円
　　　　　　昭和29年 7 月 1 日～昭和38年12月31日：100万円

〈適用要件〉
(1) 住宅の床面積要件：50㎡以上240㎡以下
(2) 築年数が10年以上であること
(3) 宅地建物取引業者が個人に対し住宅を譲渡し、その個人が自己の居住の用に供すること
(4) 宅地建物取引業者が住宅を取得してから (6)、(7) の要件を満たす改修工事を行って個人に再販売し、その個人の居住の用に供するまでの期間が 2 年以内であること
(5) 耐震性に関して、次のいずれかを満たすもの
　(i) 昭和57年 1 月 1 日以後に新築された家屋であること
　(ii) 一定の耐震基準を満たしていることが次のいずれかの書類により証明されたもの
　　①建築士、指定確認検査機関、登録住宅性能評価機関又は住宅瑕疵担保責任保険法人が証する書類（耐震基準適合証明書）
　　②建設住宅性能評価書の写し（耐震等級が 1 、 2 又は 3 であるものに限る。）
　　③既存住宅売買瑕疵保険に加入していることを証する書類（既存住宅売買瑕疵保険付保証明書）
(6) 工事に要した費用の総額が300万円を超えること、又は、売買価格に占める割合が20％を超えること
(7) 以下のいずれかの要件に該当する増改築等を行うこと
　(i) 以下①～⑥に該当する増改築等を行い、工事の合計額が100万円を超えること
　(ii) 50万円を超える、以下④、⑤、⑥のいずれかに該当する工事を行うこと
　(iii) 50万円を超える、以下⑦に該当する工事を行い、給水管、排水管又は雨水の浸入を防止する部分の瑕疵を担保する瑕疵保険に加入すること
　　①増築、改築、建築基準法上の大規模な修繕又は模様替
　　②マンションの場合で、床または階段・間仕切り壁・主要構造部である壁のいずれかのものの過半について行う修繕又は模様替
　　③家屋の一室（居室・調理室・浴室・便所・洗面所・納戸・玄関・廊下のいずれか）の床又は壁の全部についての修繕又は模様替
　　④一定の耐震改修工事
　　⑤一定のバリアフリー改修工事
　　⑥一定の省エネ改修工事
　　⑦給排水管・雨水の浸入を防止する部分に係る工事
(8) 適用期間：平成27年 4 月 1 日～令和 7 年 3 月31日

(敷地部分)
　敷地に係る不動産取得税について、宅地建物取引業者が住宅部分の特例措置の適用要件を満たし、対象住宅が「安心 R 住宅」である場合または既存住宅売買瑕疵担保責任保険に加入する場合、税額から次のいずれか多い額を控除
　(i) 150万円 × 税率
　(ii) 住宅床面積の 2 倍（200㎡を限度）の土地価格 × 税率
　　※適用期間：平成30年 4 月 1 日～令和 7 年 3 月31日

2	住宅の保有に係る税制
(1) 固定資産税 （市町村税）	○新築住宅に係る減額（地附15の 6 ） ①戸建住宅　　当初 3 年間　120㎡相当部分について 1/2 に減額 ②中高層耐火住宅　当初 5 年間　　　　　〃 〈適用要件〉 (1) 床面積要件：50㎡（戸建て以外の貸家住宅の場合 40㎡）以上280㎡以下 (2) 適用期間：令和 6 年 3 月31日 ※土砂災害特別警戒区域等の区域内で一定の住宅建設を行う者に対し、都市再生特別措置法に基づき、適切な立地を促すために市区町村長が行った勧告に従わないで建設された一定の住宅を適用対象から除外する。 ○新築された認定長期優良住宅に係る減額（地附15の 7 ） ①戸建住宅　　当初 5 年間　120㎡相当部分について 1/2 に減額 ②中高層耐火住宅　当初 7 年間　　　　　〃 〈適用要件〉 (1) 床面積要件：50㎡（戸建て以外の貸家住宅は 40㎡）以上280㎡以下 (2) 適用期間：平成21年 6 月 4 日から令和 6 年 3 月31日

		○住宅用地に係る課税標準の特例（地349の3の2）（☆） 　・住宅用地　　　　　　課税標準を1/3に減額 　・小規模住宅用地　　課税標準を1/6に減額（200㎡以下の部分） 　※空家等対策の推進に関する特別措置法に基づく必要な措置の勧告の対象となった管理不全空家等及び特定空家等に係る土地について、特例の対象から除外（管理不全空家等は、空家等対策の推進に関する特別措置法の一部を改正する法律（令和5年法律第50号）施行後から適用）
(2) 都市計画税 　（市町村税）		○住宅用地に係る課税標準の特例（地702の3）（☆） 　・住宅用地　　　　　　課税標準を2/3に減額 　・小規模住宅用地　　課税標準を1/3に減額（200㎡以下の部分） 　※空家等対策の推進に関する特別措置法に基づく必要な措置の勧告の対象となった管理不全空家等及び特定空家等に係る土地について、特例の対象から除外（管理不全空家等は、空家等対策の推進に関する特別措置法の一部を改正する法律（令和5年法律第50号）施行後から適用）
3　住宅の譲渡に係る税制		
(1) 所得税 　（国税） 　住民税 　（都道府県税・市町村民税）		○居住用財産の長期譲渡所得に係る税率軽減（租31の3） 　特別控除後の譲渡所得について低率分離課税 　・6,000万円以下部分　　所得税10％（住民税4％） 　・6,000万円超部分　　　所得税15％（住民税5％） 〈適用要件〉 　所有期間10年超

○居住用財産の譲渡所得に係る特別控除（租35）（☆）
・居住用家屋を（居住用に供さなくなった家屋は、その日以後3年を経過する日の属する年の年末までに）譲渡した場合、譲渡所得から3,000万円を控除
・被相続人の居住用家屋（当該相続の開始の直前において当該被相続人以外に居住をしていた者がいなかったものに限る。）及びその敷地等を相続等により取得した相続人等が、相続の開始の時から3年を経過する日の属する年の12月31日までに、一定の要件を満たす譲渡（平成28年4月1日から令和9年12月31日までの譲渡が対象）をした場合、譲渡所得から3,000万円を控除（平成31年4月1日以降の譲渡において、老人ホーム等に入所したことにより被相続人の居住の用に供されなくなった家屋及び当該家屋の敷地の用に供されていた土地等は、一定の要件（※）を満たす場合に限り本特例を適用、令和6年1月1日以降の譲渡において、譲渡の時から翌年2月15日までの間に被相続人の居住の用に供されなくなった家屋が一定の要件を満たすこととなった場合にも本特例を適用）
　　※①被相続人が介護保険法に規定する要介護認定等を受け、かつ、相続の開始の直前まで老人ホーム等に入所していたこと
　　　②被相続人が老人ホーム等に入所をした時から相続の開始の直前まで、その家屋について、当該被相続人による一定の使用がなされ、かつ、事業の用、貸付けの用又は当該被相続人以外の者の居住の用に供されていたことがないこと　等

○居住用財産の買換え特例（租36の2、36の5）

$$\begin{array}{c}\text{課税対象}\\\text{譲渡所得}\\\text{金額}\end{array}=\begin{array}{c}\text{譲渡資産}\\\text{の譲渡価}\\\text{額（A）}\end{array}-\begin{array}{c}\text{買換資産}\\\text{の取得価}\\\text{額（B）}\end{array}-\begin{array}{c}\text{譲渡資産}\\\text{の取得費}\\\text{・譲渡費}\end{array}\times\frac{A-B}{A}$$

買換えによる譲渡所得について、課税の100％繰延べ

〈適用要件〉
(1) 譲渡資産：所有期間10年超、居住期間10年以上、譲渡価格1億円以下
(2) 買換資産：床面積50㎡以上、敷地面積500㎡以下
　　　　　　　既存住宅：次のいずれかを満たすもの
　　　　　　　（ⅰ）築後25年以内
　　　　　　　（ⅱ）一定の耐震基準を満たしていることが次のいずれかの書類により証明されたもの
　　　　　　　　　①建築士、指定確認検査機関、登録住宅性能評価機関又は住宅瑕疵担保責任保険法人が証する書類（耐震基準適合証明書）
　　　　　　　　　②建設住宅性能評価書の写し（耐震等級が1、2又は3であるものに限る。）
　　　　　　　　　③既存住宅売買瑕疵保険に加入していることを証する書類（既存住宅売買瑕疵保険付証明書）
(3) 適用期限：令和5年12月31日までに譲渡したもの
　※買換資産が令和6年1月1日以後に建築確認を受ける住宅（登記簿上の建築日付が同年6月30日以前のものを除く。）又は建築確認を受けない住宅で登記簿上の建築日付が同年7月1日以降のものである場合は、その住宅が一定の省エネ基準を満たすものであることが要件。

○居住用財産の買換え等による譲渡損失の繰越控除（租41の5）
　居住用財産の買換えに伴い発生した譲渡損失について、その年の損益通算に加え翌年以降3年間の繰越控除

〈適用要件〉
(1) 所得要件：3,000 万円以下
(2) 所有期間：5 年超
(3) 買換資産の床面積要件：50㎡以上
(4) 適用年末に買換資産に係る住宅ローン残高があること。譲渡資産に係る住宅ローン残高がない場合にも適用可
(5) 住宅ローン減税との併用可
(6) 適用期間：平成 10 年 1 月 1 日〜令和 5 年 12 月 31 日までに譲渡したもの

○居住用財産の譲渡損失の繰越控除（租 41 の 5 の 2）
　居住用財産の譲渡に伴い発生した譲渡損失について、当該譲渡資産に係る住宅ローン残高から譲渡価額を控除した額（住宅ローン残高−譲渡価額）を限度として、その年の損益通算に加え翌年以降 3 年間の繰越控除
〈適用要件〉
(1) 所得要件：3,000 万円以下
(2) 所有期間：5 年超
(3) 適用期間：平成 16 年 1 月 1 日〜令和 5 年 12 月 31 日までに譲渡したもの

○中心市街地における優良住宅事業に土地等を譲渡する場合の特例（租 37 の 5）
　中心市街地活性化法の認定基本計画に基づく中心市街地共同住宅供給事業の区域内の土地を譲渡して、その土地の上に建築された優良な住宅を取得する場合、その譲渡所得について課税の 100％繰延べ
〈適用要件〉
(1) 取得する住宅の要件：階数 3 以上の中高層耐火共同住宅（耐火構造）
(2) 当該建築物の床面積の 2 分の 1 以上に相当する部分が専ら居住の用に供されるもの

4	住宅の改修に係る税制

4　住宅の改修に係る税制

耐震改修

(1) 所得税（国税）

○既存住宅に係る耐震改修促進税制
①所得税額の特別控除（租 41 の 19 の 2、租 41 の 19 の 3）
〈控除額の算出方法〉
　個人が、既存住宅の耐震改修を含む増改築等工事をした場合、それぞれ次に掲げる金額を所得税額から控除

(ⅰ) 耐震改修の標準的な工事費用相当額（250 万円を上限）：10％を所得税額から控除
(ⅱ) (ⅰ) の工事費用相当額のうち 250 万円を超える額及びその他の増改築等の費用に要した額の合計額（標準的な工事費用相当額（上限を超える部分も含む）を限度、かつ他の改修促進税制と併用する場合にはそれぞれの (ⅰ) の工事費（上限額内）の合計額と合わせて 1,000 万円を限度）：5 ％を所得税額から控除

〈適用要件〉
(1) その者の居住の用に供する住宅
(2) 昭和 56 年 5 月 31 日以前の耐震基準により建築された住宅
(3) 現行の耐震基準に適合させるための耐震改修を行うこと
(4) 住宅耐震改修証明書等の必要書類を添付して確定申告
(5) 適用期限：令和 5 年 12 月 31 日
※住宅ローン減税制度との併用可

固定資産税（市町村税）

②固定資産税の減額（地附 15 の 9）
　既存住宅の耐震改修を行った場合、当該住宅に係る固定資産税額（120㎡相当部分まで）を以下のとおり減額

	特例期間	減額割合
平成 18 年〜平成 21 年に工事を行った場合	3 年間	1/2
平成 22 年〜平成 24 年に工事を行った場合	2 年間	1/2
平成 25 年〜令和 6 年 3 月に工事を行った場合	1 年間	1/2（※ 1）
平成 29 年〜令和 6 年 3 月に工事を行い、長期優良住宅(増改築)の認定を取得する場合	1 年間	2/3（※ 2）

※ 1 　特に重要な避難路として自治体が指定する道路の沿道にある住宅（通行障害既存耐震不適格建築物）の耐震改修は 2 年間 1/2 に減額
※ 2 　特に重要な避難路として自治体が指定する道路の沿道にある住宅（通行障害既存耐震不適格建築物）に耐震改修を行い、長期優良住宅に該当することとなった場合は、1 年目 2/3、2 年目 1/2 に減額

〈適用要件〉
(1) 昭和 57 年 1 月 1 日以前に所在する住宅
(2) 耐震改修費が 50 万円超
(3) 工事完了後 3 ヶ月以内に市区町村に証明書等の必要書類を添付して申告
(4) 適用期限：令和 6 年 3 月 31 日

バリアフリー・省エネ・同居対応・長期優良住宅化	(2) 所得税 （国税）	○既存住宅に係る特定の改修工事をした場合の所得税額の特別控除（租41の19の3） **【バリアフリー改修】** 〈控除額の算出方法〉 　一定の個人が、既存住宅のバリアフリー改修を含む増改築等工事をした場合、それぞれ次に掲げる金額を所得税から控除 （ⅰ）バリアフリー改修の標準的な工事費用相当額（200万円を上限）：10％を所得税額から控除 （ⅱ）（ⅰ）の工事費用相当額のうち200万円を超える額及びその他の増改築等の費用に要した額の合計額部分（標準的な工事費用相当額（上限を超える部分も含む）を限度、かつ他の改修促進税制と併用する場合にはそれぞれの（ⅰ）の工事費（上限額内）の合計額と合わせて1,000万円を限度）：5％を所得税額から控除 **【省エネ改修】** 〈控除額の算出方法〉 　一定の個人が、既存住宅の省エネ改修を含む増改築等工事をした場合、それぞれ次に掲げる金額を所得税から控除 （ⅰ）省エネ改修の標準的な工事費用相当額（250万円を上限※）：10％を所得税額から控除 （ⅱ）（ⅰ）の工事費用相当額のうち250万円※を超える額及びその他の増改築等の費用に要した額の合計額部分（標準的な工事費用相当額（上限を超える部分も含む）を限度、かつ他の改修促進税制と併用する場合にはそれぞれの（ⅰ）の工事費（上限額内）の合計額と合わせて1,000万円を限度）：5％を所得税額から控除 ※省エネ改修工事と併せて太陽光発電設備を設置する場合は350万円 **【同居対応改修】** 〈控除額の算出方法〉 　一定の個人が、既存住宅の同居対応改修を含む増改築等工事をした場合、それぞれ次に掲げる金額を所得税から控除 （ⅰ）同居対応改修の標準的な工事費用相当額（250万円を上限）：10％を所得税額から控除 （ⅱ）（ⅰ）の工事費用相当額のうち250万円を超える額及びその他の増改築等の費用に要した額の合計額部分（標準的な工事費用相当額（上限を超える部分も含む）を限度、かつ他の改修促進税制と併用する場合にはそれぞれの（ⅰ）の工事費（上限額内）の合計額と合わせて1,000万円を限度）：5％を所得税額から控除 **【長期優良住宅化リフォーム】**

<table>
<tr><th>居住年</th><th colspan="2">工事の組み合わせ</th><th>改修工事限度</th><th>控除率</th><th>控除限度額</th></tr>
<tr><td rowspan="2">平成29年4月〜
令和5年12月</td><td colspan="2">耐震改修又は省エネ改修のいずれか
＋耐久性向上改修</td><td>250万円
（350万円）</td><td rowspan="2">10％</td><td>25万円
（35万円）</td></tr>
<tr><td colspan="2">耐震改修及び省エネ改修
＋耐久性向上改修</td><td>500万円
（600万円）</td><td>50万円
（60万円）</td></tr>
</table>

〈控除額の算出方法〉
　一定の個人が、既存住宅の耐震改修又は省エネ改修と併せて行う耐久性向上改修を含む増改築等工事をした場合、それぞれ次に掲げる金額を所得税から控除
（ⅰ）これらの改修の標準的な工事費用相当額（250万円を上限）：10％を所得税額から控除
（ⅱ）（ⅰ）の工事費用相当額のうち250万円を超える額及びその他の増改築等の費用に要した額の合計額部分（標準的な工事費用相当額（上限を超える部分も含む）を限度、かつ他の改修促進税制と併用する場合にはそれぞれの（ⅰ）の工事費（上限額内）の合計額と合わせて1,000万円を限度）：5％を所得税額から控除
※　耐震改修又は省エネ改修工事のいずれかを行う場合。
　省エネ改修工事と併せて太陽光発電設備を設置する場合は350万円
　耐震改修と省エネ改修工事両方を行う場合は500万円（省エネ改修工事と併せて太陽光発電設備を設置する場合は600万円）

〈適用要件〉
１．次のいずれかに該当する者が行うこと〔バリアフリー改修のみ〕
　ⅰ 50歳以上の者、ⅱ 要介護又は要支援の認定を受けている者、ⅲ 障害者、ⅳ ⅱ、ⅲ又は65歳以上の者のいずれかに該当する親族と同居している者
２．改修工事が次の要件に該当すること
【バリアフリー改修】
　次のいずれかに該当
　ⅰ 通路等の拡幅、ⅱ 階段の勾配の緩和、ⅲ 浴室改良、ⅳ 便所改良、ⅴ 手すりの取付け、ⅵ 段差の解消、ⅶ 出入口の戸の改良、ⅷ 滑りにくい床材料への取替え

【省エネ改修】
　次のいずれかに該当
　①窓の断熱改修工事　又は①と併せて行う②床の断熱工事、③天井の断熱工事、④壁の断熱工事、⑤太陽光発電設備設置工事、⑥高効率空調機、⑦高効率給湯器、⑧太陽熱利用システム（①～④については、改修部位がいずれも現行の省エネ基準（平成28年基準）以上の省エネ性能となるもの。⑤については、一定のものに限る。⑥～⑧は省エネ改修工事が行われる構造又は設備と一体となって効用を果たす一定の省エネ設備の取替え又は取付けに係る工事に限る。）

【同居対応改修】
　①調理室、②浴室、③便所又は④玄関のいずれかを増設する工事（改修後、①から④までのいずれか2つ以上が複数となるものに限る。）（同居対応改修工事が行われる構造又は設備と一体となって効用を果たす設備の取替え又は取付けに係る工事を含む。）

【長期優良住宅化リフォーム】
　耐震改修・省エネ改修工事と併せて行う次のいずれかに該当する工事（長期優良住宅（増改築）の認定を取得している場合に限る。）
　①小屋裏、②外壁、③浴室・脱衣室、④土台・軸組等、⑤床下、⑥基礎若しくは⑦地盤に関する劣化対策工事又は⑧給排水管・給湯管に関する維持管理・更新を容易にするための工事
3．改修工事費用が50万円超（平成26年3月31日以前は30万円超）
4．増改築等工事証明書等の必要書類を添付して確定申告
5．適用期間：平成21年4月1日～令和5年12月31日

固定資産税 （市町村税）	固定資産税の減額（地附15の9） 　特定の日（※1）から令和6年3月31日までの間に、一定の家屋（※2）（貸家住宅を除く。）について一定の改修工事を行った場合、当該家屋に係る翌年度分の固定資産税額（バリアフリーは100㎡、省エネは120㎡相当分までに限る。）を1/3減額（省エネ改修工事を行い、長期優良住宅（増改築）の認定を取得する場合にあっては2/3減額）

　　　　　　　　　　　　　　　（※1）　　　　　　　（※2）
バリアフリー改修工事　平成19年4月1日　新築された日から10年以上経過した家屋
省エネ改修工事　　　　平成20年4月1日　平成26年4月1日以前から所在する住宅
長期優良住宅化　　　　平成29年4月1日　昭和57年1月1日以前から所在する住宅（★1）
　　　　　　　　　　　　　　　　　　　　平成26年4月1日以前から所在する住宅（★2）
　　　　　　　　　　　　　　★1　耐震改修工事と併せて行う場合
　　　　　　　　　　　　　　★2　省エネ改修工事と併せて行う場合

〈適用要件〉
1．次のいずれかに該当する者が居住する住宅であること〔バリアフリー改修のみ〕
　ⅰ 65歳以上の者、ⅱ 要介護又は要支援認定を受けている者、ⅲ 障害者
2．改修工事が次の要件に該当すること
【バリアフリー改修】
　次のいずれかに該当
　ⅰ 通路等の拡幅、ⅱ 階段の勾配の緩和、ⅲ 浴室改良、ⅳ 便所改良、ⅴ 手すりの取付け、ⅵ 段差の解消、ⅶ 出入口の戸の改良、
　ⅷ 滑りにくい床材料への取替え
【省エネ改修】
　①窓の改修工事、又は①とあわせて行う②床の断熱工事、③天井の断熱工事、④壁の断熱工事で、改修部位がいずれも現行の省エネ基準に新たに適合することになるもの
【長期優良住宅化リフォーム】
　①耐震改修工事又は省エネ改修工事若しくはその両方と併せて一定の耐久性向上改修工事を行うこと
　②増改築による長期優良住宅の認定を受けていること
3．バリアフリー改修、耐震改修、省エネ改修工事費用の合計額がそれぞれ以下の金額を超えること
　ⅰ バリアフリー改修工事を行う場合、50万円超
　ⅱ 耐震改修工事を行う場合、50万円超
　ⅲ 省エネ改修工事を行う場合、60万円超（一定の省エネ設備設置工事と併せて行う場合は、断熱化
　　改修工事費用が50万円を超え、かつ、当該費用と一定の省エネ設備の取替え又は取付けに係る工事費用の合計額が60万円を超えること）
4．工事完了後3ヶ月以内に工事内容等が確認できる書類等を添付して市町村に申告
5．適用期限：令和6年3月31日

5	賃貸住宅供給促進のための税制	
(1) 不動産取得税 （地方税）	○**サービス付き高齢者向け住宅供給促進税制**（☆） 　高齢者の居住の安定確保に関する法律（平成 13 年法律第 26 号）に基づく登録を受けたサービス付き 高齢者向け住宅に係る特例 ①**不動産取得税の軽減**（地附 11、11 の 4） 　【住宅】1 戸につき 1,200 万円を価格から控除 　【土地】税額から次のいずれか多い額を控除 　　　　（ｉ）150 万円 × 税率 　　　　（ｉｉ）住宅床面積の 2 倍（200㎡を限度）の土地価格 × 税率 〈適用要件〉 　(1) 面積要件：30㎡以上 160㎡以下（共用部分（戸割りで算出）を含めた面積） 　(2) 主要構造部が耐火建造又は準耐火建造であること等 　(3) 戸数 10 戸以上 　(4) 賃貸借契約によるもの 　(5) 国から建設費補助を受けたもの 　(6) 適用期限：令和 7 年 3 月 31 日までに取得等された住宅	
固定資産税 （地方税）	②**固定資産税の減額**（地附 15 の 8） 　120㎡相当部分について、当初 5 年間　2/3 を参酌して 1/2 以上 5/6 以下の範囲内において市町村 の条例で定める割合を減額 〈適用要件〉 「①不動産取得税の軽減」と同様	
(2) 消費税 地方消費税 （国税・地方税）	○住宅の貸付けに係る賃料の非課税（消費税法（昭和 63 年法律第 108 号）別表第一（第六条関係） 　第十三号 　賃貸住宅の家賃について非課税	

4. 住宅と消費税・地方消費税

消費税の基本的な仕組み

① 課税の対象

　　国内において、事業者が事業として対価を得て行う資産の譲渡、資産の貸付及び役務の提供（「資産の譲渡等」）。

② 課税標準

　　資産の譲渡等の対価の額。

③ 税率

　　消費税 7.8%、地方消費税 2.2%。

④ 非課税取引

　　消費に対して課税するという税の性格上、あるいは社会政策的な配慮から、非課税取引が定められている。

　○土地の譲渡及び貸付け

　○有価証券等、支払手段の譲渡

　○貸付金等の利子、保証料、保険料などを対価とする取引

　○切手、印紙、物品切手等の譲渡

　○国、地方公共団体等が法令に基づいて受け入れる手数料のうち、一定の要件を満たすもの

　○社会保険医療費、一定の社会福祉事業、一定の学校の授業料、入学検定料

　○住宅の貸付け　等

⑤ 納付税額の計算方法

　○当該課税期間中の課税売上割合が95%以上かつ課税売上高が5億円以内のとき

　　　納税額＝課税売上高×10%（内、地方消費税 2.2%）－課税仕入高×10%（内、地方消費税 2.2%）

　○当該課税期間中の課税売上割合が95%未満又は課税売上高が5億円より大きいとき

　　（個別対応方式）

$$\text{控除すべき仕入れに係る税額} = \text{課税売上対応の課税仕入れ税額} + \text{共通売上対応の課税仕入れ税額} \times \frac{\text{課税売上高}}{\text{総売上高}}$$

または

（一括比例配分方式）

$$控除すべき仕入れに係る税額 = 課税仕入れ税額 \times \frac{課税売上高}{総売上高}$$

⑥　中小事業に対する特例措置

○免税事業者

　　基準期間（その課税期間の前々年又は前々年度）の課税売上高又は特定期間（その課税期間の前年の1月1日から6月30日）の課税売上高等が1,000万円以下の事業者は納税義務が免除。

※新規開業者及び新規法人（事業年度開始の日における資本又は出資の金額が1,000万円以上である法人を除く。）は基準期間における課税売上高がないので、原則として2年間は免税事業者となる。

○簡易課税制度

　　基準期間における課税売上高が5,000万円以下の事業者は、簡易課税制度の選択ができる。

　　簡易課税制度を選択した場合の納付税額

　＝課税売上高×10%（内、地方消費税2.2%）－課税仕入高×10%（内、地方消費税2.2%）

　　課税仕入高＝課税売上高×みなし仕入率

※みなし仕入率は、事業別に次に掲げる割合。

・卸売業　90%

・小売業　80%

・建設業を含む製造業　70%

・運輸通信業、金融・保険業及びサービス業（飲食店業に該当するものを除く）　50%

・不動産業　40%

・その他の事業　60%

したがって、例えば

　　卸売業の納付税額＝課税標準×0.8%（内、地方消費税0.17%）

となる。

(2) 住宅に関係する消費税

① 土地の購入

土地の購入代金は非課税。

② 土地の賃貸借

土地の賃貸料は非課税。（但し、施設の利用等に伴い土地を使用させる場合等の賃貸料は課税対象）

③ 住宅の建築

住宅の建築工事（設計等を含む）は課税対象。

④ 分譲住宅の購入

譲渡代金を建物分と土地分とに分け、建物分だけが課税対象。

⑤ 中古住宅の購入（個人からの購入）

事業として行われていない個人間での売買は不課税。

⑥ 中古住宅の購入（宅地建物取引業者等からの購入）

譲渡代金を建物分と土地分とに分け、建物分だけが課税対象。

⑦ 仲介手数料

仲介した取引の課税・非課税の別にかかわらず、課税対象。

⑧ 住宅ローン等

金融機関等からの借入金にかかる利子については非課税。（但し、借入手数料等は課税対象）

⑨ 公租公課等

住宅取得時の登録免許税、不動産取得税や毎年の固定資産税等は不課税。

⑩ 管理組合の収入

管理費、組合費等の対価性のない収入は不課税。

⑪ 管理委託費及び修繕工事費

管理会社へ支払う管理委託費や建設業者等へ支払う修繕工事費は課税対象。

⑫ 家賃及び共益費

賃貸住宅の家賃及び共益費は非課税。

⑬ 敷金、礼金等の一時金

賃貸借契約の終了に伴い返還することとされているものは不課税。返還しないこととなるものは課税対象。

(3) 消費税法の改正内容

平成24年8月の消費税法の改正内容は次のとおり（平成26年4月1日施行）。

(1) 税率

次の通り2段階で引き上げることとする。

・平成26年4月1日

消費税6.3％、地方消費税1.7％

・令和元年10月1日

消費税7.8％、地方消費税2.2％

※経済財政状況の激変にも柔軟に対応する観点から、消費税率引き上げの前に、経済状況等を総合的に勘案した上で、消費税率の引き上げの停止を含め所要の措置を講ずることとされている。

(2) 消費税収入の使途の明確化

国分の消費税収入については、毎年度、制度として確立された年金、医療及び介護の社会保障給付並びに少子化に対処するための施策に要する経費（社会保障4経費）に充てるものとする。

※地方消費税収入（引き上げ分）及び消費税収入に係る地方交付税分については、社会保障4経費を含む社会保障施策に要する経費に充てるものとする。

(3) 特定新規設立法人の事業者免税点制度の不適用制度の創設

その事業年度の基準期間がない法人で、その事業年度開始の日における資本金の額又は出資の金額が1,000万円未満の法人（新規設立法人）のうち、一定の要件に該当するもの（特定新規設立法人）については、当該特定新規設立法人の基準期間のない事業年度に含まれる各課税期間における課税資産の譲渡等について、納税義務を免除する。

(4) 任期の中間申告制度の創設

直前の課税期間の確定消費税額（地方消費税額を含まない年税額）が48万円以下の事業者（中間申告義務のない事業者）が、任意に中間申告書（年1回）を提出する旨を記載した届出書を納税地の所轄税務署長に提出した場合には、当該届出書を提出した日以後にその末日が最初に到来する6月中間申告対象期間から、自主的に中間申告・納付することができることとする。

(5)　税率引上げに伴う経過措置

　　改正後の税率は、適用開始日以後に行われる資産の譲渡等、課税仕入れ及び保税地域から引き取られる課税貨物に係る消費税について適用され、適用開始日前に行われた資産の譲渡等、課税仕入れ及び保税地域から引き取られる課税貨物に係る消費税については、改正前の税率を適用する。

　　ただし、適用開始日以降に行われる資産の譲渡等のうち一定のものについては、改正前の税率を適用することとするなどの経過措置を講じる。

5．「住宅ローン減税制度」の概要

　いわゆる「住宅取得促進税制」は、住宅取得者の負担を軽減することによって持家取得を容易にすることを目的に昭和 61 年度の税制改正において創設され、以降、下記の通り改正が行なわれてきた。本制度は住宅建設を促進し、居住水準の向上を図るとともに、国政上の課題となっている内需の拡大に資することを目的としている。特に平成 11 年度改正における「住宅ローン控除制度」、平成 13 年度改正における「住宅ローン減税制度」により、その控除額、控除期間、対象範囲などについて大幅な拡充措置が講じられてきた。平成 16 年度改正において、平成 17 年から平成 20 年にかけて、段階的に控除額が縮小していくこととなっていたが，昨今の経済情勢を踏まえ、平成 21 年度改正において，大幅な拡充措置が実現された。さらに、平成 25 年度改正において、平成 26 年 4 月からの消費税税率引上げの前後における駆け込み需要及びその反動等による影響が大きいことを踏まえ大幅な拡充措置が実現された。

　また、令和元年度改正において、令和元年 10 月からの消費税率引上げの前後における駆け込み需要及びその反動等による影響が大きいことを踏まえ大幅な拡充借置が実現された。

　令和 4 年度改正において、昨今の経済情勢を踏まえ控除期間の延長等により中間層への支援が充実されたほか、カーボンニュートラルの実現に向け環境性能等の優れた住宅への借入限度額の上乗せ措置が実現された。

　昭和 61 年度　　住宅取得促進制度の創設

　昭和 62 年度　　控除期間を 3 年から 5 年に延長

　昭和 63 年度　　公的借入金の控除対象部分を 2 分の 1 から全額に引き上げ

　平成 2 年度　　控除期間を 5 年から 6 年に延長

　平成 3 年度　　借入金の控除対象限度額を 2,000 万円から 3,000 万円に引き上げ

　平成 5 年度　　借入金 1,000 万円以下の部分の控除率を当初 2 年間に限り 1％から 1.5％に引き上げ（総合経済対策）

　平成 6 年度　　所得要件を 2,000 万円以下から 3,000 万円以下に引き上げ

　平成 7 年度　　所得要件を 3,000 万円以下から 2,000 万円以下に引き下げ

　平成 9 年度　　借入金 1,000 万円以下の部分の控除率を

- 平成 9 年中に居住した場合、1、2 年目を 1.5％から 2％に引き上げ、3 年目を 1％から 2％に引き上げ
- 平成 10 年中に居住した場合、1、2 年目を 1.5％から 2％に引き上げ
- 平成 12、13 年中に居住した場合、1、2 年目を 1.5％から 1％に引き下げ

平成 10 年度　所得要件を 2,000 万円以下から 3,000 万円以下に引き上げ

借入金 1,000 万円以下の部分の控除率を

- 平成 10 年中に居住した場合、3 年目を 1.5％から 2％に引き上げ
- 平成 11 年中に居住した場合、1、2 年目を 1％から 2％に引き上げ
- 平成 12 年中に居住した場合、1、2 年目を 1％から 1.5％に引き上げ（総合経済対策）

平成 11 年度　住宅ローン控除制度に改組

平成 12 年度　適用期限（入居期限）の 6 ケ月延長（平成 13 年 6 月 30 日まで）

平成 13 年度　住宅ローン減税制度の創設

平成 14 年度　一定の耐震改修工事を対象に追加

平成 15 年度　転勤等やむを得ない事情により転出した後再居住した場合、住宅ローン減税制度の再適用を認める

平成 16 年度　平成 17 年から控除額が段階的に縮小

平成 17 年度　一定の耐震基準を満たす中古住宅を適用対象に追加

平成 18 年度　平成 11 年〜18 年までの入居者で、三位一体改革の税源移譲に伴い住宅ローン減税の控除額が減少する者に対しては、その減少額を翌年度分の個人住民税から減額

平成 19 年度　平成 19・20 年の入居者を対象として、控除期間を 15 年に延長した制度と現行制度との選択適用を認める特例措置の創設

一定のバリアフリー改修工事を対象に追加

平成 20 年度　一定の省エネ改修工事を対象に追加

平成 21 年度　借入金の控除対象限定額を 2000 万円から 5000 万円に引き上げ

認定長期優良住宅に係る特別措置の創設

住宅ローン減税の最大控除額まで所得税額が控除されない者について、所得税から控除しきれない額を、個人住民税から控除

平成 24 年度	認定低炭素住宅に係る特例措置の創設

平成 24 年度　認定低炭素住宅に係る特例措置の創設

平成 25 年度　借入金の控除対象度額を 2,000 万円から 4,000 万円に引き上げ（消費税 8％又は 10％の時に限る）個人住民税からの控除上限額を 9.75 万円から 13.65 万円に拡充

平成 26 年度　一定の耐震基準を満たさない中古住宅を取得後に耐震改修工事を行う場合において住宅ローン減税制度の適用を認める措置の創設

平成 27 年度　適用期限の 1 年半延長（平成 31 年 6 月 30 日まで）（消費税率引上げ時期変更に伴う措置）

平成 28 年度　非居住期間中に住宅の新築、取得又は増改築等をした場合についても住宅ローン減税制度の適用を受けられるよう要件を緩和

適用期限の 2 年半延長（令和 3 年 12 月 31 日まで）（消費税率引上げ時期変更に伴う措置）

令和元年度　消費税率 10％が適用される住宅の取得等をして、令和元年 10 月 1 日から令和 2 年 12 月 31 日までの間に居住の用に供した場合は控除期間を 3 年間延長。

通用年の 11 年目から 13 年目までの各年の控除額は以下のいずれか小さい額。

①借入金年末残高（上限 4,000 万円）（※ 1）の 1％

②建物購入価格（上限 4,000 万円）（※ 2）の2/3％

（※ 1）　新築・未使用の認定住宅の場合、借入金年末残高・建物購入価格の上限：5,000 万円

（※ 2）　増改築等をした場合は、増改築等に係る費用の額

令和 2 年度　新型コロナウイルス感染症及びそのまん延防止のための措置の影響により入居が令和 2 年 12 月 31 日を過ぎた場合で、注文住宅につき令和元年 10 月 1 日から令和 2 年 9 月 30 日までの間、その他の住宅につき令和元年 12 月 1 日から令和 2 年 11 月 30 日までの間に住宅取得契約を行っている等の条件を満たす場合に、入居期限を令和 3 年 12 月 31 日までに弾力化。（令和 2 年 4 月 30 日施行の新型コロナウイルス感染症等の影響に対応するための国税関係法律の臨時特例に関する法律等で措置）

令和 3 年度　控除期間 13 年の措置について、契約期限と入居期限をともに 1 年延長。

当該控除期間 13 年の措置の延長分については、合計所得金額 1,000 万円以下の者に対して床面積要件を 40m^2 以上に緩和。

令和 4 年度　適用期限の 4 年間延長（令和 7 年 12 月 31 日まで）

控除率の引下げ（1 ％→ 0.7%）

控除期間の延長（新築住宅、買取再販住宅：10 年→ 13 年）

所得要件を 3,000 万円以下から 2,000 万円以下に引下げ

ZEH 水準省エネ住宅、省エネ基準適合住宅の借入限度額の上乗せ措置の創設

既存住宅における認定住宅・ZEH 水準省エネ住宅・省エネ基準適合住宅の借入限度額の上乗せ措置の創設

令和 5 年末までに建築確認を受けた新築住宅を取得等する場合、合計所得金額 1,000 万円以下の者に対して、床面積要件を 40㎡以上に緩和

既存住宅の築年数要件の緩和（耐火住宅 25 年以内、非耐火住宅 20 年以内→昭和 57 年以降に建築された住宅）

●制度の概要

　個人が、金融機関等から返済期間 10 年以上の融資を受けて住宅の新築、取得又は増改築等をし、6 ヶ月以内に自己の居住の用に供した場合、居住の年から最大 13 年間、年末の借入金残高の 0.7% を所得税額[※1]から控除することができる。

○控除額

【新築住宅・買取再販住宅[※2]】

住宅の環境性能等	借入限度額[※3]	控除期間	所得税からの控除限度額
認定長期優良住宅・認定低炭素住宅	5,000 万円（4,500 万円）	13 年間	455 万円（409.5 万円）
ZEH水準省エネ住宅[※4]	4,500 万円（3,500 万円）		409.5 万円（318.5 万円）
省エネ基準適合住宅[※5]	4,000 万円（3,000 万円）		364 万円（273 万円）
その他の住宅[※6・7]	3,000 万円（0 円[※7]）		273 万円（0 円[※7]）

※ （）内は令和 6，7 年に入居する場合

【既存住宅】

住宅の環境性能等	借入限度額	控除期間	所得税からの控除限度額
認定長期優良住宅 認定低炭素住宅 ZEH水準省エネ住宅[※4] 省エネ基準適合住宅[※5]	3,000万円	10年間	210万円
その他の住宅[※6]	2,000万円		140万円

※1　所得税から控除しきれない場合、翌年の住民税（上限：9.75万円）から控除
※2　宅地建物取引業者により一定の増改築等が行われた一定の居住用家屋が該当
※3　借入限度額とは、住宅ローン減税の対象となるローンの年末残高の上限のこと
※4　日本住宅性能表示基準における断熱等性能等級5以上かつ一次エネルギー消費量等級6以上の性能を有する住宅が該当
※5　日本住宅性能表示基準における断熱等性能等級4以上かつ一次エネルギー消費量等級4以上の性能を有する住宅が該当
※6　省エネ基準適合住宅の省エネ基準を満たさない住宅のこと
※7　令和6年以降に新築の建築確認を受けた、「その他の住宅」は、住宅ローン減税の対象外（令和5年末までに新築の建築確認を受けた住宅に入居する場合は、借入限度額2,000万円・控除期間10年間）

○対象となる借入金

　・居住用住宅の新築（増改築を含む）、取得のための借入金

　・住宅敷地の取得に要する一定の借入金

○対象となる増改築等工事

　・工事に要した費用が100万円を超えるものであること。

　・工事後の家屋の床面積が50m^{2}以上となること。

　上記を満たすもので、次に掲げる増改築等

①増築、改築、大規模の修繕（建築基準法2条14号）、大規模の模様替（同法第2条15号）

②マンションの専有部分のリフォームで以下に該当するもの

　イ）床又は階段の過半の修繕又は模様替

　ロ）間仕切壁の過半の修繕又は模様替（一部について位置の変更を伴うもの）

　ハ）主要構造部である壁の内装の過半の修繕又は模様替（過半について遮音又は熱の損失の防止のための性能を向上させるものに限る。）

　　なお、これらの工事と合わせて行う当該家屋と一体となって効用を果たす設備の取替え又は取付けに係る工事を含む。

③家屋のうち居室、調理室、浴室等の壁又は床の全部について行う修繕又は模様替

④一定の耐震改修工事

⑤一定のバリアフリー改修工事

⑥一定の省エネ改修工事

〇主な要件等

〈所得要件〉

合計所得金額が2,000万円を超える年については適用されない。

〈床面積要件〉

床面積が50㎡以上であること。（令和5年末までに建築確認を受けた新築住宅を取得等する場合、合計所得金額1,000万円以下の者は、40㎡以上。）

〈住宅の要件〉

・昭和57年1月1日以降に建築されたもの、又は一定の耐震基準を満たすもの若しくは取得前一定の耐震基準を満たさず、取得後に耐震改修工事により一定の耐震基準を満たすものであること。

〈店舗等併用住宅の場合〉

・非住宅部分の床面積の割合が、建築又は取得した家屋の床面積の1/2を超える場合には、控除は受けられない。

・住宅部分の床面積が1/2以上の場合は、全体の借入金残高×住宅部分の床面積/その家屋の床面積で按分した額が控除の対象となる。

〈取得〉

配偶者等から取得する場合及び贈与の場合はこの特例は受けられない。

〈その他〉

住宅を居住の用に供した年又は前年若しくは前々年、若しくは翌年以後3年以内に、居住用財産を譲渡した場合の3,000万円特別控除、居住用財産の譲渡所得の低率分離課税、特定の居住用財産の買換え・交換の特例、立体買換え・交換の特例の適用を受けている場合は、入居した年以後の控除を受けることはできない。

なお、平成11年度の改正により、居住用財産の譲渡損失の繰越控除制度との併用が認められた。

6．耐震改修促進税制の概要

　耐震性が確保された良質な住宅ストックの形成の促進が地震防災対策上の喫急の課題とされており、「住生活基本計画（令和3年3月19日閣議決定）」においては、令和12年までに耐震性を有しない住宅ストックを概ね解消する目標を定めている。

　この目標の達成に向けて、耐震改修の促進を図るため、平成18年度より、住宅に係る耐震改修促進税制が措置されている。それぞれの概要は以下のとおりである。

住宅に係る耐震改修促進税制

　〇所得税

　　個人が、平成26年4月1日から令和5年12月31日までの間に、既存住宅の耐震改修を含む増改築等工事を行った場合、当該改修に係る標準的な工事費用相当額（補助金等の交付がある場合は、当該補助金等の額を控除した後の金額）の10％等を以下の通り所得税額から控除する。

（ア）耐震改修工事に係る標準的な工事費用相当額（※1）（250万円を限度）：10％を所得税額から控除

（イ）（ア）の工事に係る標準的な工事費用相当額のうち250万円を超える額及びその他の増改築等の費用に要した額の合計額部分（※1）（標準的な工事費用相当額（上限を超える部分も含む）を限度、かつ他のリフォーム促進税制と併用する場合にはそれぞれの（ア）の工事費（上限額内）の合計額と合わせて1,000万円を限度）：5％を所得税額から控除

　※1 補助金等の交付がある場合は、当該補助金等の額を控除した後の金額。

　※令和3年12月31日までに耐震改修工事をした場合については、耐震改修工事に係る標準的な工事費用相当額のうち250万円を上限（ただし、消費税率が8％又は10％の場合に限って適用され、それ以外の場合は200万円）に、10％を所得税額から控除。

〈適用要件〉

　1．昭和56年5月31日以前に建築された家屋であること。

　2．現行の耐震基準に適合させるための住宅耐震改修工事を行うこと。

　3．増改築等工事証明書等の必要書類を添付して確定申告すること。

○固定資産税

　旧耐震基準により建設された住宅について、一定の耐震改修工事を行った場合、当該住宅に係る固定資産税額（120㎡相当部分まで）を以下のとおり減額。

・平成25年1月1日～令和6年3月31日に工事を行った場合：1年間1／2に減額

　　なお、当該住宅が当該耐震改修の完了前に通行障害既存耐震不適格建築物であった場合には、翌年度から2年度分の固定資産税額を1／2に減額する。

〈適用要件〉

　1．昭和57年1月1日以前から所在する住宅であること。

　2．現行の耐震基準に適合する耐震改修工事を行うこと。

　3．耐震改修工事費用額が50万円超（税込）であること。

　4．増改築等工事証明書等の必要書類を添付して改修工事完了後3ヶ月以内に市区町村に申告すること。

7．住宅に係るバリアフリー改修工事関係税制の概要

　高齢者等が安心して快適に自立した生活を送ることのできる環境の整備を促進し、高齢者等の居住の安定の早期確保を図るため、平成19年度税制改正及び平成21年度税制改正において、住宅について以下のバリアフリー改修工事を行った場合の特例措置が創設された。

ⅰ）通路等の拡幅	ⅱ）階段の勾配の緩和	ⅲ）浴室改良
ⅳ）便所改良	ⅴ）手すりの取り付け	ⅵ）段差の解消
ⅶ）出入口の戸の改良	ⅷ）滑りにくい床材料への取替え	

○所得税

　特定個人（※1）が平成26年4月1日から令和5年12月31日までの間に、既存住宅のバリアフリー改修工事を含む増改築等工事を行い、その者の居住の用に供した場合、当該改修に係る標準的な工事費用相当額（補助金等の交付がある場合は、当該補助金等の額を控除した後の金額）の10％等を以下の通り所得税額から控除する。

（ア）バリアフリー改修工事に係る標準的な工事費用相当額（※2）（200万円を限度）：10％を所得税額から控除

（イ）（ア）の工事に係る標準的な工事費用相当額のうち200万円を超える額及びその他の増改築等の費用に要した額の合計額部分（※2）（標準的な工事費用相当額（上限を超える部分も含む）を限度、かつ他のリフォーム促進税制と併用する場合にはそれぞれの（ア）の工事費（上限額内）の合計額と合わせて1,000万円を限度）：5％を所得税額から控除

※1　①50歳以上の者、②要介護又は要支援の認定を受けている者、③障害者、④②若しくは③に該当する者又は65歳以上の者のいずれかに該当する親族と同居している者

※2　補助金等の交付がある場合は、当該補助金等の額を控除した後の金額。

※令和3年12月31日までにバリアフリー改修工事をした場合については、バリアフリー改修工事に係る標準的な工事費用相当額のうち200万円を上限に、10％を所得税額から控除する。

〈適用要件〉

1．バリアフリー改修工事後の家屋の床面積が50㎡以上であること。

2．高齢者等居住改修工事等を行うこと。

3．バリアフリー改修工事費用から補助金等を除いた額が50万円超（税込）であること。

4．増改築等工事証明書等の必要書類を添付して確定申告すること。

○固定資産税

　　平成28年4月1日から令和6年3月31日までの間に、一定の者^(注1)が居住するものについてバリアフリー改修工事を行い、当該改修工事に要した費用から補助金等を除いた額が50万円超の場合、当該家屋に係る翌年度分の固定資産税額（100 m² 相当分までに限る。）を3分の1減額する。

（注1）a）65歳以上の者、b）要介護又は要支援の認定を受けている者、c）障がい者

〈適用要件〉

1．新築された日から10年以上を経過した家屋であること。

2．賃貸住宅でない家屋であること。

3．バリアフリー改修工事後の床面積が50㎡以上280㎡以下であること。

4．高齢者等居住改修工事等を行うこと。

5．バリアフリー改修工事額費用から補助金等を除いた額が50万円超（税込）であること。

6．改修工事内容等が確認できる書類等を添付して改修工事完了後3ヶ月以内に市町村に申告すること。

8．住宅に係る省エネ改修工事関係税制の概要

地球温暖化防止に向けて家庭部門のCO_2排出量の削減を図ること等を目的として、既存住宅について省エネ改修工事を行った場合の特例措置が設けられている。

○所得税

個人が平成26年4月1日から令和5年12月31日までの間に既存住宅の省エネ改修工事を含む増改築等工事を行い、その者の居住の用に供した場合、当該改修に係る標準的な工事費相当額（補助金等の交付がある場合は、当該補助金等の額を控除した後の金額）の10％等を以下の通り所得税額から控除する。

（ア）省エネ改修工事に係る標準的な工事費用相当額（※1）（250万円を限度（ただし、太陽光発電設置工事を併せて行う場合は350万円を限度））：10％を所得税額から控除

（イ）（ア）の工事に係る標準的な工事費用相当額のうち250万円（太陽光発電設置工事を併せて行う場合は350万円）を超える額及びその他の増改築等の費用に要した額の合計額部分（※1）（標準的な工事費用相当額（上限を超える部分も含む）を限度、かつ他のリフォーム促進税制と併用する場合にはそれぞれの（ア）の工事費（上限額内）の合計額と合わせて1,000万円を限度）：5％を所得税額から控除

※1 補助金等の交付がある場合は、当該補助金等の額を控除した後の金額。

※令和3年12月31日までの間に省エネ改修工事をした場合については、省エネ改修工事及び太陽光発電設備設置に係る標準的な工事費用相当額のうち250万円を上限（ただし、消費税率が8％又は10％の場合に限って適用され、それ以外の場合は200万円）に、10％を所得税額から控除する。併せて太陽光発電設備を設置した場合は350万円を上限（ただし、消費税率が8％又は10％の場合に限って適用され、それ以外の場合は300万円）。

〈適用要件〉

1．省エネ改修工事後の家屋の床面積が50㎡以上であること

2．省エネ改修工事が（イ）又は（ロ）のいずれかの要件に該当すること

　　（イ：令和4年1月1日以降に工事を完了し、居住を開始する場合）

①窓の断熱改修工事、又は①とあわせて行う②床の断熱工事、③天井の断熱工事、④壁の断熱工事、⑤太陽光発電装置の設置工事、⑥高効率空調機、⑦高効率給湯器、⑧太陽熱利用システム（①〜④は、改修部位がいずれも現行の省エネ基準（平成28

年基準）以上の省エネ性能となるもの。⑤は一定のものに限る。⑥〜⑧は省エネ改修工事が行われる構造又は設備と一体となって効用を果たす一定の省エネ設備の取替え又は取付けに係る工事に限る。）

（ロ：令和3年12月31日以前に工事を完了し、居住を開始する場合）
①全ての居室の全ての窓の断熱改修工事、又は①とあわせて行う②床の断熱工事、③天井の断熱工事、④壁の断熱工事、⑤太陽光発電装置の設置工事、⑥高効率空調機、⑦高効率給湯器、⑧太陽熱利用システム（①〜④は、改修部位がいずれも現行の省エネ基準（平成28年基準）以上の省エネ性能となるもの。⑤は一定のものに限る。⑥〜⑧は省エネ改修工事が行われる構造又は設備と一体となって効用を果たす一定の省エネ設備の取替え又は取付けに係る工事に限る。）
3．省エネ改修工事費用が50万円超（税込）であること
4．増改築等工事証明書等の必要書類を添付して確定申告すること

○固定資産税

・令和4年4月1日から令和6年3月31日までの間に、平成26年4月1日以前から所存する住宅（貸家住宅を除く。）について省エネ改修工事を行った場合、当該家屋に係る翌年度分の固定資産税額（120 m² 相当分までに限る。）を1／3減額する。

〈適用要件〉

1．省エネ改修工事後の家屋の床面積が50m² 以上280m² 以下であること。

2．省エネ改修工事が次の要件に該当すること。
i 窓の改修工事、又はiと併せて行うii 床の断熱工事、iii 天井の断熱工事、iv 壁の断熱工事で、改修部位がいずれも現行の省エネ基準に新たに適合することになるもの。

3．省エネ改修工事費用の合計額から補助金等を除いた額が60万円超（税込）であり、以下の要件のいずれかを満たすこと
ア 断熱化改修工事費用が60万円（税込）を超えること
イ 断熱化改修工事費用が50万円（税込）を超え、かつ、当該費用と一定の省エネ設備の取替え又は取付けに係る工事費用の合計額が60万円（税込）を超えること

4．改修工事内容等が確認できる書類等を添付して改修工事完了後3ヶ月以内に市町村に申告すること。

9. 長期優良住宅化改修工事関係税制の概要

既存住宅流通・リフォーム市場の活性化に向けて、耐久性等に優れた良質な住宅ストックの形成を促進するため、平成29年度税制改正において長期優良住宅化改修に係る特例措置が創設された。

○所得税

個人が平成29年4月1日から令和5年12月31日までの間に、耐震改修若しくは省エネ改修のいずれか又は両方とあわせて一定の耐久性向上改修を行い、当該改修工事を含む増改築等工事を行った場合で、その者の居住の用に供した場合においては、当該工事に係る標準的な工事費用相当額※（補助金等の交付がある場合は、当該耐震改修、当該省エネ改修又は当該耐久性向上改修の工事費用相当額等のそれぞれから、当該工事に係る当該補助金等の額を控除した後の金額。上限:250万円（500万円）（窓の改修と併せて太陽光発電装置を設置した場合は350万円（600万円））。）の10%等を下記の通り所得税額から控除する。

（ア）耐久性向上改修工事に係る標準的な工事費用相当額（※1）（250万円（耐震改修と省エネ改修の両方を行う場合は500万円）を上限（ただし、窓の改修と併せて太陽光発電設置工事を併せて行う場合は350万円（耐震改修と省エネ改修の両方を行う場合は600万円）を限度））:10%を所得税額から控除

（イ）（ア）の工事に係る標準的な工事費用相当額のうち250万円（500万円）を超える額及びその他の増改築等の費用に要した額の合計額部分（※1）（標準的な工事費用相当額（上限を超える部分も含む）を限度、かつ他のリフォーム促進税制と併用する場合にはそれぞれの（ア）の工事費（上限額内）の合計額と合わせて1,000万円を限度）:5%を所得税額から控除

※1 補助金等の交付がある場合は、当該補助金等の額を控除した後の金額。

※令和3年12月31日までの間に長期優良住宅化リフォームをした場合については、長期優良住宅化リフォーム工事に係る標準的な工事費用相当額のうち250万円を上限に、10%を所得税額から控除する。

※括弧内は、耐震改修及び省エネ改修とあわせて一定の耐久性向上改修を行う場合。

〈適用要件〉

1. 長期優良住宅か改修工事後の家屋の床面積が50㎡以上であること。

2. 耐震改修・省エネ改修工事とあわせて、一定の耐久性向上改修工事を行うこと

3. 増改築による長期優良住宅の認定を取得していること

4. 耐震改修工事費用又は省エネ改修工事費用及び耐久性向上改修費用がそれぞれ50万円超（税込）であること

5. 増改築等工事証明書等の必要書類を添付して確定申告すること

○固定資産税

平成29年4月1日から令和6年3月31日までの間に、昭和57年1月1日以前から所在する住宅について耐震改修工事が行われ、認定長期優良住宅に該当する事となった場合、又は、平成26年1月1日以前から所在する住宅について省エネ改修工事が行われ、認定長期優良住宅に該当することとなった場合、当該家屋に係る翌年度分の固定資産税額（120 ㎡ 相当分までに限る。）を2／3減額する。

※耐震改修工事が行われた住宅が通行障害既存耐震不適格建築物であった場合には、翌年度の固定資産税額を2／3、翌々年度の固定資産税額を1／2減額する。

〈適用要件〉

1. 耐震改修工事又は省エネ改修工事を行っていること。

2. 増改築による長期優良住宅の認定を受けていること。

3. 耐震改修工事を行う場合、耐震改修費用が50万円超（税込）であること。省エネ改修工事を行う場合、省エネ改修工事費用の合計額が60万円超（税込）であり、以下の要件のいずれかを満たすこと

   ア 断熱化改修工事費用が60万円（税込）を超えること

   イ 断熱化改修工事費用が50万円（税込）を超え、かつ、当該費用と一定の省エネ設備の取替え又は取付けに係る工事費用の合計額が60万円（税込）を超えること

4. 増改築等工事証明書等の必要書類を添付して改修工事完了後3ヶ月以内に市町村に申告すること。

10. 住宅に係る同居対応改修税制の概要

　様々な世帯が、それぞれの暮らし方に応じた住宅を確保できるよう、多様なニーズに応じた住宅政策を展開することとし、三世代の同居など、世代間の助け合い、大家族で支え合う生き方も、選択肢の一つとして支援していくこととしている。

　このため、三世代同居など複数世帯が同居しやすい住宅ストックの形成を促す観点から、平成28年度税制改正において、住宅について同居対応改修工事を行った場合の特例措置が創設された。

　○所得税

　　平成28年4月1日から令和5年12月31日までの間に、既存住宅の同居対応改修工事を含む増改築等工事を行い、その者の居住の用に供した場合、当該改修に係る標準的な工事費相当額（補助金等の交付がある場合は、当該補助金等の額を控除した後の金額）の10％等を以下の通り所得税額から控除する。

（ア）同居対応改修工事に係る標準的な工事費用相当額部分（※1）（250万円を限度）：
　　　10％を所得税額から控除

（イ）（ア）の工事に係る標準的な工事費用相当額のうち250万円を超える額及びその他の増改築等の費用に要した額の合計額部分（※1）（標準的な工事費用相当額（上限を超える部分も含む）を限度、かつ他のリフォーム促進税制と併用する場合にはそれぞれの（ア）の工事費（上限を超える部分も含む）と合わせて1,000万円を限度）：5％を所得税額から控除

　※1　補助金等の交付がある場合は、当該補助金等の額を控除した後の金額。

　※令和3年12月31日までの間に同居対応改修工事をした場合については、同居対応改修工事に係る標準的な工事費用相当額のうち250万円を上限に、10％を所得税額から控除する。

〈適用要件〉

　1．同居対応改修工事後の家屋の床面積が50m² 以上であること。

　2．調理室、浴室、便所又は玄関のいずれかを増設する工事であって、改修後にこれらのうちのいずれか2つ以上が複数となる工事であること。

　3．同居対応改修工事費用から補助金等を除いた額が50万円超（税込）であること。

　4．増改築等工事証明書等の必要書類を添付して確定申告すること。

第 9 章

居住水準等の国際比較

1．住宅水準の国際比較

主要先進国と我が国では、社会的・歴史的背景や生活様式、統計の取り方等に差異があり、住宅事情の単純な比較は困難であるが、これを前提として我が国の居住水準等が国際的にどのような状況にあるかを述べることとする。

① 住戸ストックの規模

持借別の戸当たり住宅床面積を主要先進国と比較すると（図表9－1）、日本は特に借家において規模が小さい。また、一人当たり住宅床面積についてみても（図表9－2）、主要先進国に比べ規模が小さい。

② 所有関係別住宅ストック

所有関係別住宅ストックをみると（図表9－3）、それぞれの戦後の住宅政策を反映して公的借家の割合の高低があることが分かる。最貧層を対象としてきたアメリカと、近年公営住宅払下げ等によって所有権移転が進められているものの借家の多くが公的借家であったイギリスとでは約12％もの開きがある。

③ 人口千人当たり新設住宅着工と年間住宅投資額

日本における住宅の新設住宅着工は主要先進国と比べ高い水準にあるが（図表9－4）、これを人口千人当たりの年間住宅投資額でみると主要先進国の中でも低い水準にある（図表9－5）。

住宅床面積の国際比較

図表9－1

（㎡）

戸当り住宅床面積の国際比較（壁芯換算値）

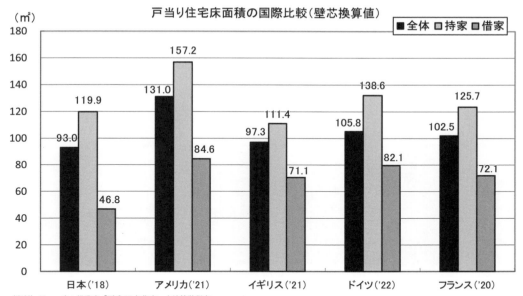

凡例：■全体 □持家 ■借家

日本（'18）：93.0 / 119.9 / 46.8
アメリカ（'21）：131.0 / 157.2 / 84.6
イギリス（'21）：97.3 / 111.4 / 71.1
ドイツ（'22）：105.8 / 138.6 / 82.1
フランス（'20）：102.5 / 125.7 / 72.1

〈資料〉日　　本：総務省「平成30年住宅・土地統計調査」
　　　　アメリカ：U.S.Census Bureau「American Housing Survey 2021」http://www.census.gov/
　　　　イギリス：Department for Levelling Up, Housing and Communities
　　　　　　　　　「English Housing Survey data on stock profile,2021」 https://www.gov.uk/
　　　　ド イ ツ：Statistisches Bundesamt「Wohnen in Deutschland - Zusatzprogramm Wohnen des Mikrozensus 2022」 http://www.destatis.de/
　　　　フランス：Parc Insee-SDES「enquête logement 2020」 https://www.statistiques.developpement-durable.gouv.fr/
（注1）床面積は、補正可能なものは壁芯換算で補正を行った。（米 ×0.94、独仏 ×1.10）
（注2）アメリカの値は中央値（median）である。

図表9－2

一人当り住宅床面積の国際比較（壁芯換算値）

（㎡）

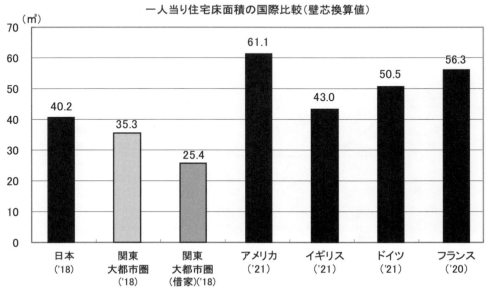

日本（'18）：40.2
関東大都市圏（'18）：35.3
関東大都市圏（借家）（'18）：25.4
アメリカ（'21）：61.1
イギリス（'21）：43.0
ドイツ（'21）：50.5
フランス（'20）：56.3

〈資料〉日　　本：総務省「平成30年住宅・土地統計調査」（データは2018年）
　　　　アメリカ：U.S.Census Bureau「American Housing Survey 2021」http://www.census.gov/
　　　　イギリス：Department for Levelling Up, Housing and Communities
　　　　　　　　　「English Housing Survey data on stock profile,2021」 https://www.gov.uk/
　　　　ド イ ツ：Statistisches Bundesamt
　　　　　　　　　「Bevölkerung nach Nationalität und Geschlecht 2022」 https://www.destatis.de/
　　　　　　　　　「code:31231-0005 Wohngebäude, Wohnungen, Wohnfläche: Deutschland, Stichtag, Anzahl der Wohnungen」
　　　　フランス：Parc Insee-SDES「enquête logement 2020」 http://www.insee.fr/
（注1）床面積は、補正可能なものは壁芯換算で補正を行った。（米 ×0.94、独仏 ×1.10）
（注2）アメリカの床面積は中位値（median）である。

図表 9 － 3

所有関係別住宅ストック数の国際比較

（単位：千戸）

	総計	持家	借家	民営借家	公的借家	公的借家Ⅰ	公的借家Ⅱ
アメリカ（'21）	100.0% 128,504	64.2% 82,513	35.8% 45,991	30.8% 39,617	5.0% 6,374	2.5% 3,175	2.5% 3,199
イギリス（'21）	100.0% 23,740	65.1% 15,455	34.9% 8,285	18.2% 4,325	16.7% 3,961	6.5% 1,535	10.2% 2,426
ド イ ツ（'22）	100.0% 39,278	42.0% 16,503	58.0% 22,772	—	—	—	—
フランス（'21）	100.0% 37,388	47.1% 17,598	43.2% 16,162	19.5% 7,297	23.7% 8,865	—	—
日　　本（'18）	100.0% 53,616	61.2% 32,802	35.6% 19,065	28.5% 15,295	5.0% 2,670	3.6% 1,922	1.4% 747

※公的借家…各国統計におけるいわゆる「公的借家」の数であり、原則として公的主体が所有・管理する借家をいう。
　なお、「公的主体」の範囲は、通常、地方公共団体、公益法人であるが、ドイツ、フランスの場合は組合、株式会社
　も含まれている。
・アメリカ…Ⅰ＝公共住宅、Ⅱ＝連邦（家賃）助成住宅　　資料）U.S.Census Bureau「American Housing Survey 2021」
　　　　　　http://www.census.gov/
・イギリス…Ⅰ＝公営住宅、Ⅱ＝住宅協会　　資料）Department for Levelling Up, Housing and Communities
　　　　　　「English Housing Survey data on stock profile,2021」　　https://www.gov.uk/
・ド イ ツ…資料）Statistisches Bundesamt「Wohnen in Deutschland - Zusatzprogramm Wohnen des Mikrozensus 2022」
　　　　　　http://www.destatis.de/
・フランス…総計にその他を含む
　　　　　　資料）Parc Insee-SDES「Compte du logement 2021」　　https://www.statistiques.developpement-durable.gouv.fr/
・日　　本…Ⅰ＝公営住宅、Ⅱ＝都市再生機構・公社の借家　　資料）総務省「平成30年住宅・土地統計調査」
※日本の総計には所有関係不詳を含む。日本の借家は給与住宅も含む。

図表 9 － 4

人口千人当りの新設住宅着工戸数

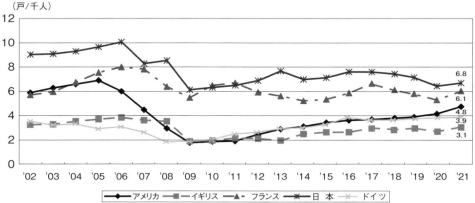

（資料）　アメリカ：U.S.Census Bureau　http://www.census.gov/construction/nrc/historical_data/index.html
　　　　　イギリス：Office for National Statistics
　　　　　https://www.ons.gov.uk/peoplepopulationandcommunity/housing/datasets/ukhousebuildingpermanentdwellingsstartedandcompleted
　　　　　ドイツ：Statistisches Bundesamt
　　　　　フランス：Données et études statistiques　　https://www.statistiques.developpement-durable.gouv.fr/
　　　　　日本：住宅着工統計（国土交通省）
　　　　　人口：世界の統計（総務省）

図表 9 ― 5

人口千人当たりの住宅投資額（2021 年・名目値）

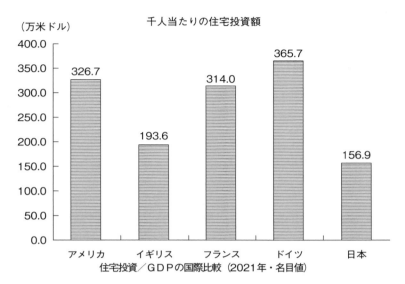

千人当たりの住宅投資額

（万米ドル）

住宅投資／ＧＤＰの国際比較（2021 年・名目値）

(資料)「国民経済計算年報」(内閣府)
「National Accounts of OECD Countries」(OECD)
http://stats.oecd.org/Index.aspx?DataSetCode=SNA_TABLE1

２．生活水準等の国際比較

　各国の社会制度、生活習慣の違い等から、生活水準や社会資本の整備状況を単純に比較することはできないが、日本は人口当たり病床数等の面で「豊か」といえよう（図表９－６）。

図表９－６　生活関係の「豊かさ」指標例

項　　　目	日　　本	アメリカ	イギリス	ド　イ　ツ	フランス
人口推計（20年・百万人）	126	336	67	83	65
１人当り国内総生産（19年・米ドル）	40,048	63,123	40,718	45,909	38,959
平均寿命・男（19年・年）	81	76	80	79	80
平均寿命・女（19年・年）	87	81	83	85	85
労働時間（製造業）（20年・時間/週）	39	40	39	37	37
栄養摂取量（19年・キロカロリー/人・日）	2,691	3,862	3,395	3,559	3,532
エネルギー消費量 （19年・石油換算・１人当りギガジュール）	93	203	80	112	94
１千人当り乗用車数（19年・台）	623	858	614	621	625
テレビ保有世帯率 （各国の最新の数値・％）	99	99	99	95	99
人口100人当り電話加入回線数（21年）	49.4	28.8	47.9	46.3	58.6
人口100人当り移動電話契約数（21年）	160.9	107.3	118.1	127.6	112.8
人口100人当りインターネット利用者数（20年）	83.4	90.9	94.8	89.8	84.8
人口１千人当り病床数 （各国の最新の数値）	13.0	2.9	2.5	8.0	5.6

（資料）「世界の統計2023」（総務省統計局）

3．住宅投資等の国際比較

●住宅投資が GDP に占める割合は 3.9%（名目ベース）

①　図表9－7は、欧米諸国と住宅投資を比較したものである。これによると、GDP（国内総生産）に占める住宅投資の割合は、ドイツ・フランスが高い水準となっている。日本は特に、総固定資本形成に占める比率が低く、これは企業設備の割合が欧米諸国と比較して高い水準にあるためと考えられる。

②　図表9－8は、欧米諸国と、住宅の利活用期間と既存住宅の流通を比較したものである。これによると、我が国の滅失住宅の平均築後経過年数は、約38年と欧米諸国に比べて短い。また、全住宅取引量に占める既存住宅流通量の割合が低い水準にあり、住宅ストック数に占める新築住宅着工戸数の割合が高い水準にある。これらにより、我が国の住宅市場は新築住宅中心の市場であることがわかるが、既存住宅市場の活性化が望まれているところである。

図表 9 ― 7　住宅投資の国際比較
　1．住宅投資／GDP の国際比較（2021 年・名目値）

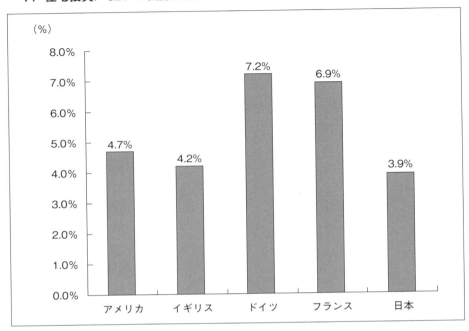

（資料）「国民経済計算年報」（内閣府）
　　　　「National Accounts of OECD Countries」（OECD）

　2．住宅投資／国内総固定資本形成の国際比較（2021 年・名目値）

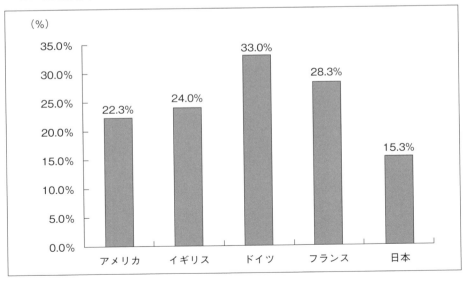

（資料）「国民経済計算年報」（内閣府）
　　　　「National Accounts of OECD Countries」（OECD）

図表9-8 住宅の利活用期間と既存住宅の流通

1. 滅失住宅の平均築後年数の国際比較

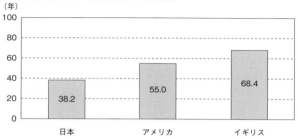

(資料) 日　　本：総務省「平成25年、平成30年住宅・土地統計調査」
アメリカ：U. S. Census Bureau「American Housing Survey 2019、2021」
　　　　　http://www.census.gov/
イギリス（イングランド）：Department for Levelling Up, Housing and Communities
　　　　　「English Housing Survey data on stock profile 2018、2021」
　　　　　https:// www.gov.uk /
より国土交通省推計

2. 既存住宅の流通シェアの国際比較

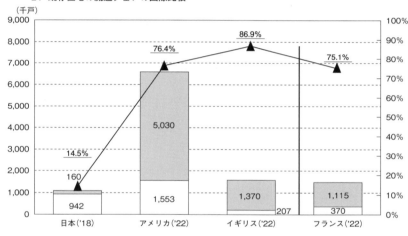

凡例：新築住宅着工戸数 / 既存住宅取引戸数 / 既存取引／全体（既存＋新築）取引

アメリカ：New Residential Construction | U.S.Census Bureau
　　　　　https://www.census.gov/construction/nrc/index.html
　　　　　Existing-Home Sales | National Association of REALTORS
　　　　　https://www.nar.realtor/research-and-statistics/housing-statistics/existing-home-sales
イギリス：House building, UK: permanent dwellings started and completed | Office for National Statistics
　　　　　https://www.ons.gov.uk/peoplepopulationandcommunity/housing/datasets/ukhousebuildingpermanentdwellingsstartedandcompleted
　　　　　Monthly property transactions completed in the UK with value of £40,000 or above | GOV.UK
　　　　　https://www.gov.uk/government/statistics/monthly-property-transactions-completed-in-the-uk-with-value-40000-or-above
フランス：House Prices in France : Property Price Index, French Real Estate Market Trends in the Long Run | Inspection générale de l'environnement et du développement durable
　　　　　https://www.igedd.developpement-durable.gouv.fr/house-prices-in-france-property-price-index-french-a1117.
　　　　　html#t1-2-French-home-price-and-rent-indices-published-by-the-National-Institute-nbsp
　　　　　Construction de logements : résultats à fin juillet 2022 (France entière) | Données et études statistiques
　　　　　https://www.statistiques.developpement-durable.gouv.fr/construction-de-logements-resultats-fin-juillet-2022-france-entiere?rubrique=53&dossier=1047
※　イギリスの既存住宅流通量については取引額4万ポンド以上の物件の取引戸数を利用。

住宅経済データ集　　2023 年(令和 5 年)度版

定価 2,200 円＋税

令和 5 年 11 月 30 日初版発行

監　　修　国土交通省住宅局住宅企画官付
編・著　住宅経済研究会
発 行 人　宮 村 昭 広
発 行 所　株式会社住宅産業新聞社
　　　　　〠160-0022　東京都新宿区新宿 6-28-8
　　　　　　　　　　　ラ・ベルティ新宿 1101
　　　　　☎ 03 － 6233 － 9611（代表）
　　　　　FAX　03 － 3204 － 5255
　　　　　https://www.housenews.jp
印 刷 所　東日印刷株式会社